模糊机会约束最小二乘双支持向量机算法及其在金融市场应用的研究

Mohu Jihui Yueshu Zuixiao Ercheng Shuangzhichi Xiangliangji Suanfa
Jiqi zai Jinrong Shichang Yingyong de Yanjiu

韩仁杰　李然　著

西南财经大学出版社
Southwestern University of Finance & Economics Press

中国·成都

图书在版编目(CIP)数据

模糊机会约束最小二乘双支持向量机算法及其在金融市场应用的研究/韩仁杰,李然著.—成都:西南财经大学出版社,2021.6
ISBN 978-7-5504-4864-3

Ⅰ.①模… Ⅱ.①韩…②李… Ⅲ.①向量计算机—算法理论—应用—金融市场—研究 Ⅳ.①F830

中国版本图书馆 CIP 数据核字(2021)第 081488 号

模糊机会约束最小二乘双支持向量机算法及其在金融市场应用的研究
韩仁杰 李然 著

策划编辑:王琳
责任编辑:刘佳庆
封面设计:张姗姗
责任印制:朱曼丽

出版发行	西南财经大学出版社(四川省成都市光华村街55号)
网　　址	http://cbs.swufe.edu.cn
电子邮件	bookcj@swufe.edu.cn
邮政编码	610074
电　　话	028-87353785
照　　排	四川胜翔数码印务设计有限公司
印　　刷	郫县犀浦印刷厂
成品尺寸	170mm×240mm
印　　张	10.25
字　　数	245 千字
版　　次	2021 年 6 月第 1 版
印　　次	2021 年 6 月第 1 次印刷
书　　号	ISBN 978-7-5504-4864-3
定　　价	68.00 元

前言

一直以来，中共中央对于金融安全、风险防范、保障经济平稳增长都高度重视，中共十九大报告也指出要守住金融市场不发生系统性风险的底线。金融市场波动测度着金融市场的不确定性或风险，特别是2008年全球金融危机后，防范金融风险、预测金融市场波动更是成为学术界关注的重点。传统金融数据以及新兴的微博文本数据等，为许多经济决策提供依据的同时，其高维、非结构化存在形式掩盖了数据的本质特征。从复杂的高维数据中找到数据所反映的本质规律，应用于金融市场，对金融市场参与者而言，能够更准确地预测金融市场波动，规避金融市场波动引致的损失；对金融市场监管机构而言，可以更有效地防范系统性金融风险，保障金融市场稳定运行。

在行为金融学领域，投资者关注（investor attention）并不能通过观测直接获得。互联网技术高速发展，信息存储技术快速进步，海量的互联网数据由互联网参与者制造、产生、存储。由于金融市场参与者获取信息的注意力有限，在当前数据爆炸的时代，信息的价值低于人们注意力资源的价值。互联网使用者在获取信息后留有的痕迹数据，借由数据存储技术，能够为科学研究提供广阔的探索空间，而如何提取海量数据中本质的、有价值的信息是此领域研究的关键。众所周知，百度、谷歌搜索引擎，作为互联网使用者获取信息的主要工具，它们分别提供的百度指数（Baidu Index）、谷歌趋势（Google Trends）——实时提供同一搜索引擎所有用户对某一词汇的搜索数量——在刻印互联网使用者搜索痕迹的同时，为科研人员提供了度量投资者关注度的有效途径，也因此成为近年来学术研究的热点领域。目前，对于搜索引擎关键词搜索量的研究主要集中在两方面：一方面，部分研究认为从搜索引擎中获取的对股票的搜索量信息，代表着股票所获得的投资者关注，并验证了搜索量与股票价格波动存在关联；另一方面，有研究认为金融市场中关于交易决策的细微数据，例如，在搜索引擎中搜索"宏观经济运行""居民消费"等关键词，代表了互联网使用者的关注热点，并影响其行为，在群体效应下可能引致金融市场剧烈波动，甚至导致金融危机的发生。互联网使用者与互联网互动而产生量级巨大的数据源，可以为我们提供研究个体行为与金融市场波动的全新视角。因此，通过对百度指数、谷歌趋势中与金融相关的关键词搜索量的变化进行分析，研究者能够发现金融市场波动的"早期预警信号"。

另外，互联网使用者不仅包括金融市场的直接参与者，还包括金融市场的间接参与者，大量使用百度指数和谷歌趋势预测金融市场波动的研究成果以及投资者关注理论均表明：当互联网使用者对与"宏观经济政策""居民消费"相关的词汇进行搜索时，一部分搜索量由金融市场参与者提供，这部分会直接映射到金融市场的波动中；另一部分搜索量由金融市场间接参与者贡献，由于本书有居民消费的关键词选取，这部分搜索量也会以某种形式进入金融市场中。简言之，互联网使用者的搜索行为反映了互联网使用者的消费、投资、交易意图等，最终会映射至日常生活中的决策行为。

近年来，针对金融市场复杂波动特征的研究，分类或聚类方法已经得到广泛应用。为了处理具有不确定性的高维金融数据，模糊分类方法正不断地得到深入研究及应用。本书通过机会约束规划和模糊隶属度，给出了一种全新的模糊机会约束最小二乘双支持向量机，能够有效地测量数据噪声。此外，本书通过获取移动端和PC端的关键词百度搜索量，发现搜索时的行为及注意力集中度存在异质性。同时基于关键词百度搜索量，使用多种算法对金融市场波动进行了预测，并对算法精度进行了比较。流形学习理论作为一种高维非线性特征提取方法，正成为机器学习领域应用研究的热点，尤其在发现高维金融数据（上市公司财务数据、上证指数数据等）的低维表示应用中展现了良好的算法效果。本书通过对测地距离与欧式距离进行假设，从理论上论证了使用欧式距离会达到 ISOMAP 算法类似效果，同时能够降低算法复杂度。对当前几个热点问题进行研究后，本书的主要创新点如下：

（1）本书基于机会约束规划方法，给出了一种模糊机会约束最小二乘双支持向量机（FCC-LSTSVM）算法。该算法可以有效地解决存在不确定性噪声数据场景下的分类问题，并且能同时在模糊意义与概率意义下给出最优分类超平面使得分类方法误差最小。

（2）本书基于图片识别原理，编制数据提取程序以及手动搜集修正，分别采集到 28 个与宏观经济、居民消费相关的百度指数搜索量日度数据（PC 端自 2006 年 6 月至 2017 年 10 月，移动端自 2011 年 1 月至 2017 年 10 月）。

（3）本书为判断百度指数关键词在科研中的应用场景提供了依据。本书发现了互联网使用者进行搜索时存在异质性：首先，搜索行为上存在异质性，即需要其"严肃"对待的领域，更加倾向使用 PC 端获取信息；其次，搜索时注意力集中度存在异质性，即在移动端进行关键词搜索获取信息时，注意力较为发散，会对表面看来毫无关联的关键词同时做出搜索，其对信息的注意力更为有限。因此，尽管移动端用户数量已远远超过 PC 端，但由于其获取信息时搜索行为的异质性及注意力集中度的异质性，如果待研究领域为需要信息获取者严肃对待的，选用 PC 端百度指数作为代理变量，数据噪声更低，结果更为准确。

（4）本书为沪深 300 指数这一特定金融市场波动性预测研究提供了新方法，为防范系统性金融风险提供了新视角。采用 ISOMAP-FCC-LSTSVM、FCC-LSTSVM、SVM、GARCH 算法，基于移动端与 PC 端 28 个关键词百度指数，分别对沪深 300 指数波动进行了预测，比较了四种算法的精度。研究发现，PC 端百度指数数据对沪深 300 指数波动预测的精度高于移动端百度指数数据，同时印证了（3）中的结论。

（5）在流形理论等距特征映射（ISOMAP）算法中，测度高维数据点之间的距离是测地距离，通过理论证明本书得到测地距离与欧式距离是可比较的，在算法中使用欧式距离会达到相同效果，同时能够降低算法复杂度。

如果本书的出版能对沪深 300 指数波动预测以及提升柔性宣传成效提供政策和智力支持，我们将倍感欣慰，同时更深入地研究关键词对经济社会文化领域的影响。

本书主体由韩仁杰撰写。重庆工商大学李然副教授参与撰写、修改本书的第 4 章、第 5 章的内容，共计 4 万余字。后期，李然副教授还对全书的参考文献、格式以及文献综述部分进行了悉心的修改整理。

韩仁杰

2020 年 12 月

目录

1 绪论

1.1 研究背景与研究意义

一直以来，特别是 2008 年全球金融危机之后，波动率（volatility）被认为是金融市场不确定性或风险的关键测度。通常波动率越低，安全性就越高，风险资产的价值越稳定从而不会发生剧烈变化。一般而言，波动率可以分为实际波动率和隐含波动率。实际波动率是衡量标的资产历史收益率分散程度的统计度量，可以通过使用同一证券或市场指数的标准差或收益率之间的方差来衡量。隐含波动率，是从金融衍生品的历史价格（通常为期权）中观察得到的指标，用来衡量标的资产的波动程度。

过去数个世纪以来，伴随着金融市场的萌生和发展，波动率的角色发生了巨大变化。波动率不再仅仅是投资组合和资产定价理论中的一个指标，而逐渐演变成了一种资产类别。波动率衍生工具通常是一种专门的金融工具，它能够对标的资产的波动性进行交易，多种已经构造的金融衍生品也都极其重视波动率。自 20 世纪 90 年代中期以来，波动率衍生工具已经产生并发展成为对标的资产的波动性进行交易的金融工具，比如方差—波动率互换以及期货和期权等衍生品，这为投资者提供了直接的风险管理工具。

随着经济全球化的深入，国与国金融市场之间的相关性增加，金融风险极易从一个地区蔓延到其他地区，引发全球范围的金融市场剧烈波动。飞速发展的金融衍生品市场，在提供风险规避手段的同时，也积聚了新的风险。同时，随着金融衍生品市场的交易规模和交易速度的极大增加，金融市场的复杂性和波动性也大大增强。

此外，伴随信息技术的发展，现实世界能够获取、储存以及待处理的数据呈爆炸式增长，例如微博或推特中的文本数据、高分辨率图像数据、气候数据、金融数据等。这些以高维、非结构化形式呈现的数据，将知识和数据的规律隐藏，使人们难以直观观测到数据间的内在关系，加之处理此类数据的技术发展相对滞后，使我们常常处在"数据爆炸，缺乏知识"的状态。因此，刻画金融市场波动率特征，科学度量金融市场波动率有着重要的理论和现实意义，而金融市场之间越来越复杂的联系和大量影响金融市场的变量，也要求对波动率的研究有新的工具和方法。

金融数据同样有数据规模大、结构复杂、维数高、价值密度低等特点①。2008 年图灵奖获得者约翰·霍普克罗夫特（John Hopcroft）在 FAW 2008 会议的特邀报告上指出：高维数据的降维理论是支撑未来计算机科学发展的主要理论之一②。因此，将复杂纷繁的高维金融观测数据转换成低维表示，并获取其内蕴结构，更加客观和科学地认识金融市场，是金融科学和数据科学领域的重要课题。

对金融市场波动的研究中，广义自回归异方差（GARCH）模型广泛应用于证券市场日回报研究、比特币市场波动研究、原油期货及现货价格波动研究、跨市场波动研究等，但是，该模型由于在金融危机中预测资产收益波动的不可靠性而受到批评③④。GARCH 模型加入神经网络方法后对波动率预测的鲁棒性得到了显著提高。虽然加入神经网络方法后具有一定吸引力，但是该方法忽略了过度拟合和波动聚类⑤。为了克服以往模型的局限性，许多研究选取了基于统计学习理论的支持向量机（SVM）。支持向量机技术在分类⑥⑦金融市场

① GEORGIOS B G, FRANCIS B, RAPHAEL C, et al. Signal Processing for Big Data [J]. IEEE SignalProcessing Magazine, 2014 (9): 15-16.

② HOPCROFT J. Future Directions in Computer Science [C]. In The 2nd International Frontiers of Algorithmic Workshop. Changsha, China, June 2008.

③ KUNG L M, YU S W. Prediction of index futures returns and the analysis of financial spillovers—A comparison between GARCH and the grey theorem [J]. European Journal of Operational Research, 2008, 186 (3): 1184-1200.

④ APERGIS N. The role of FOMC minutes for US asset prices before and after the 2008 crisis: Evidence from GARCH volatility modeling [J]. Quarterly Review of Economics & Finance, 2015, 55: 100-107.

⑤ NING C, XU D, WIRJANTO T S. Is volatility clustering of asset returns asymmetric? [J]. Journal of Banking & Finance, 2015, 52: 62-76.

⑥ OSUNA E E. Support vector machines: Training and applications [J]. A. I. Memo no. 1602, C. B. C. L. Paper, 1997, 144 (9): 1308-16.

⑦ BROWN M. Knowledge-based analysis of microarray gene expression data by using support vector machines [J]. PNAS, 2000, 97 (1): 262-267.

预测①②等领域，得到了广泛的应用。支持向量机是利用结构风险最小化原理，将求解过程转化成凸二次优化问题，保证解是全局最优③。黄和寇（Huang, Kou）（2014）基于高维数据近似嵌入于低维流形的假设，尝试通过流形学习算法去发现高维金融数据（上市公司财务数据、上证指数数据）的低维表示。文章给出了一个核熵流形学习（Kernel Entropy Manifold Learning）算法，在使用上市公司财务数据的实验中，KEML 算法的正确率高于其他六种分类算法。

金融市场波动预测一直以来都是金融数学领域关注的热点，从传统的 GARCH 模型，到 SVM 模型、神经网络算法，再到 ISOMAP 算法等等都得到了广泛的应用并进行了性能的比较。其中，SVM 模型、神经网络算法的预测精度优于传统的 GARCH 算法。在本书的第 4 章中，笔者会给出一种全新的模糊机会约束最小二乘支持向量机模型，在预测的精度和鲁棒性上优于 SVM 模型。

维数约简（Dimensionality Reduction）是解决大规模高维数据问题的有效途径之一，将高维样本数据从输入空间通过线性或非线性变换映射至低维空间是维数约简的基本思想，以此获得代表着高维输入数据空间内在特征的低维表示，从而能从数据中获取更容易理解的知识。作为高维数据分析的重要环节的数据维数约简，日益成为机器学习领域的重要研究方向。许多维数约简的方法，在过去的研究中被提出。根据数据处理后低维子空间的空间结构，可以将这些方法分为两类：非线性降维和线性降维（见图 1-1）。非线性降维方法也被称为基于"流形学习"降维方法。学者们引入了"流形"（manifold）的概念，作为寻找事物本征结构的工具。

① INCE H, TRAFALIS T B, TRAFALIS T. Short Term Forecasting with Support Vector Machines and Application to Stock Price Prediction [J]. International Journal of General Systems, 2008, 37 (6): 677-687.

② KARA Y, ACAR BOYACIOGLU M, BAYKAN Ö K. Predicting direction of stock price index movement using artificial neural networks and support vector machines [J]. Expert Systems with Applications, 2011, 38 (5): 5311-5319.

③ LIANG Y, NIU D, YE M, et al. Short-Term Load Forecasting Based on Wavelet Transform and Least Squares Support Vector Machine Optimized by Improved Cuckoo Search [J]. Energies, 2016, 9 (10): 827.

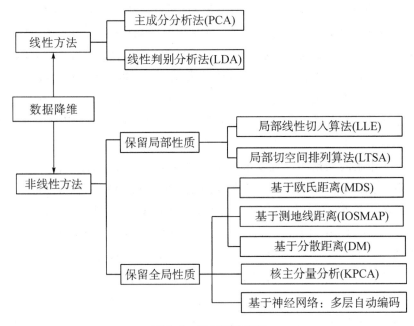

图 1-1　数据降维方法

　　"流形"是对一切几何对象最一般的称谓，是指在几何对象的各个局部采用适当方式"粘接"，并将几何对象的局部看作欧式空间。"流形"这一定义最早由德国数学家黎曼提出，我国数学家陈省身对其在我国的发展也做出了突出的贡献。作为欧氏空间在广义空间下的推广，流形上的每一个点都存在相应的欧氏空间与之同胚，形象地说，流形是由一块块欧氏空间粘起来的。微分拓扑奠基人哈斯勒·惠特尼（Hassley Whitney）提出的流形嵌入定理指出[1]，流形可以嵌入欧式空间中，定理证明了当欧式空间 R^n 的维数 n 足够大时，任意光滑流形 M 都可看作此足够大维数欧式空间的嵌入子流形。惠特尼定理的证明，也成为了机器学习领域流形学习的基本假设，即高维数据实际是低维流形结构嵌入在高维欧式空间中。2000 年，塞巴斯蒂安·程和丹尼尔·李（H. S. Seung, D. Lee）在 Science 杂志上发表了《感知的流形形式》，认为流形是认知的基础，视觉感知具有流形基础，证据来自如何在大量神经元中编码信息。神经元活动通常用神经发射率的集合描述，因此可以用抽象空间中的一个点表示，其维数等于神经元的数目。神经生理学家发现，群体中的每个神经元的放

　　① WHITNEY H. Differentiable manifolds ［J］. Annals of Mathematics，1936（37）：645-680.

电频率可以写成一个小数量的变量的光滑函数。这意味着神经元活动被约束在一个低维流形中（H. S. Seung, D. Lee, 2000）。流形学习通过揭示低维的几何性质，探索了高维数据集及其驱动过程，也是一种新的数据分析视角，它不依赖于已经定义好的分析模型，而是依据采样的数据，捕捉数据集中内蕴的几何特征，建立数据驱动的参数化模型①。

线性降维方法，是将高维输入空间数据，通过构建线性映射，映射至低维子空间。即假设集合 $X = [x_1, x_2, \cdots, x_n] \in R^{D \times n}$，其中 x_i 是维数为 n 的高维数据，存在线性映射 f，使得 $Y = f(X)$，其中 $Y = [y_1, y_2, \cdots, y_n] \in R^{d \times n}$，维数为 $d (d \ll D)$，这个过程即可称为从高维数据空间 X 到低维数据空间 Y 的线性降维方法。如果所要处理的数据集分布确实呈现出全局线性的结构，或者在一定程度上可以近似为全局线性结构，则这些方法能够有效地挖掘出数据集内在的线性结构，获得数据紧致的低维表示。主成分分析法（Principal Component Analysis, PCA）是比较常用的线性降维方法，是将数据空间通过正交变换映射到低维子空间的过程，本质上是将方差最大的方向作为主要特征，并且在各个正交方向上将数据"离相关"，也就是让它们在不同正交方向上没有相关性。线性判别分析法（Linear Discriminant Analysis, LDA），由唐纳德·费舍尔（Donald Fisher, 1936）提出，原理是将带上标签的高维数据，通过投影的方法，投影到维度更低的空间中，使得投影后的点按类别区分，出现一簇一簇的情况，相同类别的点，将会在投影后的空间中更接近。线性降维方法的限制条件较强，要满足全局线性结构，当原始数据是非线性时，这些方法就会显得粗糙简单，难以展示原始数据的关系。

非线性降维方法，分为保留局部性质和保留全局性质的降维方法。局部线性切入算法（Locally Linear Embedding, LLE）是一种局部特性保持降维方法。LLE 算法的核心是保持降维前后近邻之间的局部线性结构不变。算法的主要思想是假定每个数据点与它的近邻点位于流形的一个线性或近似线性的局部邻域，在该邻域中的数据点可以由其近邻点来线性表示，重建低维流形时，相应的内在低维空间中的数据点保持相同的局部近邻关系，即低维流形空间的每个数据点用其近邻点线性表示的权重与它们在高维观测空间中的线性表示权重相同，而各个局部邻域之间的相互重叠部分则描述了由局部线性到全局非线性的排列信息。这样就可以把高维输入数据映射到全局唯一的低维坐标系统。等距

---

① TALMON, COHEN I, GANNOT S, et al. Diffusion maps for signal processing [J]. IEEE Signal Processing Magazine, 2013 (7): 75-86.

特征映射算法（ISOMAP）是由特南鲍姆（Tenenbaum）等人提出的，是建立在多维尺度分析（MDS）基础上的一种非线性维数约简方法。ISOMAP算法利用所有样本点对之间的测地距离矩阵来代替MDS算法中的欧氏距离矩阵，以保持嵌入在高维观测空间中的内在低维流形的全局几何特性。算法的关键是计算每个样本点与所有其他样本点之间的测地距离。对于近邻点，利用输入空间的欧氏距离直接得到其测地距离；对于非近邻点，利用近邻图上两点之间的最短路径近似得到测地距离。然后对于构造的全局测地距离矩阵，利用MDS算法在高维输入空间与低维嵌入空间之间建立等距映射，从而发现嵌入在高维空间中的内在低维表示（Tenenbaum et al., 2000）。

在行为金融学领域，投资者关注（investor attention）并不能通过观测直接获得。互联网技术高速发展，信息存储技术快速进步，海量的互联网数据由互联网参与者制造、产生、存储。这些留有互联网使用者获取信息痕迹的数据，借由数据存储技术，能够为科学研究提供广阔的探索空间，而如何提取海量数据中本质、有价值的信息是此领域研究的关键。百度、谷歌搜索引擎，作为互联网使用者主要的获取信息的工具，它们分别提供的百度指数（Baidu Index）、谷歌趋势（Google Trends）——实时提供用户对某一搜索词汇的搜索数量——刻印互联网使用者搜索痕迹的同时，为科研人员提供了度量投资者关注度的有效途径，也因此成为近年来学术研究的热点领域。其中，有些研究认为从搜索引擎获取的对股票的搜索量信息，代表着股票所获得的投资者关注，通过数据实验，验证了搜索量与股票价格波动存在关联。另外一些研究认为，金融市场中关于交易决策的细微数据影响着人们的行为，进而可能因此引致金融危机的产生。由于互联网使用者使用互联网，与互联网互动而产生的量级巨大的数据源，在市场波动时，可以为我们提供关于市场直接参与者行为的全新视角。研究者通过对百度指数、谷歌趋势中与金融相关的关键词搜索量的变化进行分析，能够发现可以被认为是股市波动的"早期预警信号"的模式。

互联网使用者不仅包括金融市场的直接参与者，还包括金融市场的间接参与者。当互联网使用者对与宏观经济政策、居民消费相关的词汇进行搜索时，可以断定的是，一部分搜索量贡献是由金融市场参与者贡献的，这部分会直接反映到金融市场的波动中；另一部分搜索量是由金融市场间接参与者贡献的，由于本书有居民消费的关键词选取，这部分搜索量也会以某种形式进入金融市场波动中。简言之，互联网使用者的搜索行为反映了互联网使用者的消费、投资、交易意图，并且会映射至日常生活中的行为。

本书应用支持向量机、流形学习的理论和方法，针对金融市场数据高维、复杂的特点，使用百度指数中与宏观经济、居民消费相关的关键词，预测沪深 300 指数波动，提取金融数据的内蕴特征并应用于金融实践分析，为研究金融市场波动等应用提供了新思路，为防范系统性金融风险提供了新视角。同时，本书对 ISOMAP 算法的改进方法进行了探索。

1.2　国内外研究现状

在过去的研究中，目标为金融市场数据时，不同的预测方法展现了不同的预测效果，总体上看，GARCH 模型、SVM 模型、神经网络算法、ISOMAP 算法的预测精度呈升序排列。其中，神经网络算法在近几年受到了学术界广泛的关注及应用。

陈等（Chen S et al.）（2010）采用英镑-美元在 2004 年 1 月 5 日至 2007 年 12 月 31 日的汇率数据和纽约纳斯达克交易所（NYSE）2004 年 1 月 8 日至 2007 年 12 月 31 日的指数数据，对标准 GARCH 模型、EGARCH 模型、ANN-GARCH 模型、SVM-GARCH 模型的预测汇率波动率、纳斯达克指数波动率的效果做了比较，得到 SVM-GARCH 模型在预测汇率波动中的预测效果最好，预测纳斯达克指数波动效果第二好，移动平均法预测效果均为最差[①]。他们的研究成果表明，支持向量机（SVM）方法在研究金融市场波动率的效果优于传统方法。林等（Lin et al.）（2011）使用 ISOMAP 与 SVM 混合模型及 PCA 与 SVM 混合模型，基于台湾上市公司财务数据对商业失败进行预测。支持向量机技术在商业失败领域的预测效果一直较好，加入数据预降维技术后，使用 ISOMAP 的预测平均精度要高于 PCA。一般情况下，相较于 PCA，非线性流形学习算法的运算效果都是更优的。Huang Y 等（2014）基于高维数据大致位于低维流形上的嵌入空间的假设，发掘了内在流形（或低维表示）在处理高维的财务数据中的应用，提出了财务数据的流形学习算法。其研究使用核熵流形学习方法（KEML），在刻画财务数据点之间的关系时采用信息距离，得到了高维财务数据恰当的低维嵌入，通过与成熟的流形学习方法做比较后显示 KEML 方法的错误率更低。使用 KEML 方法得到的柯尔莫哥洛夫熵（K 熵）可

---

①　CHEN S, HÄRDLE W K, JEONG K. Forecasting volatility with support vector machine-based GARCH model [J]. Journal of Forecasting, 2010, 29 (4)：406-433.

以预测和解释沪深 300 指数的波动性①。

　　基于金融市场几十年来积累的海量数据，以及神经网络算法面对海量数据时的优异表现，神经网络算法在金融市场波动率的研究中得到了广泛应用。熊等（Xiong R et al.）（2015）采用递归神经网络模型（Long Short－Term Memory），使用谷歌推出的美国国内动态功能（Google domestic trends），获取美国国内经济领域关键词搜索流量作为环境变量，与金融市场信息一起构成了标准普尔 500 指数波动率变化的驱动力。通过构造恰当的互信息度量，他们找到了波动率预测的最优观测和归一化处理方法，通过其开发的包含单一记忆层的递归神经网络模型，在整体数据集的 70% 上进行训练。其模型在对剩余 30% 的测试中平均绝对百分误差（MAPE）为 24.2%，优于其他线性模型②。他们的研究表明，虽然金融时间序列数据具有较低的信噪比，但其深度学习模型在处理此类型问题时有巨大潜力。同时，他们研究中所使用的方法，可以适用于其他时间尺度场景下的金融时间序列。周等（Zhou et al.）（2018）使用长短记忆神经网络（Long Short-Term Memory），利用 PC 端 28 个关键词百度搜索量，对 2006 年 6 月至 2017 年 10 月的沪深 300 指数波动率进行了预测，与基准模型比较起来，LSTM 神经网络模型在平均绝对误差（Mean Absolute Percent Error）和均方误差（Mean Squared Error）上均优于基准模型③。

　　将百度指数、谷歌趋势加入研究模型，在一定程度上解释了在许多研究中发现市场出现的“异象”，如“媒体效应”“盈余公告效应”“过度自信”等不能诉诸经典理论进行解释的现象。行为经济学理论能为传统经济学理论分析问题时出现的“异象”提供有益的补充和独立的解释。百度搜索在中国搜索市场的份额始终维持在 70% 以上；谷歌搜索，在绝大多数英语国家的搜索市场的年度市场份额，始终维持在 80% 以上，在日本、俄罗斯等非英语国家也有一半以上占比④。互联网用户的“集体智慧”和金融市场参与者，可以被视为一个

---

① HUANG Y, KOU G. A kernel entropy manifold learning approach for financial data analysis [M]. Elsevier Science Publishers B. V. 2014.

② XIONG R, NICHOLS E P, SHEN Y. Deep Learning Stock Volatility with Google Domestic Trends [J]. arXiv: Computational Finance, 2015.

③ ZHOU Y－L, HAN R－J, et al. Long short－term memory networks for CSI300 volatility predictionwith Baidu search volume [J]. Concurrency and Computation: Practice and Experience, 2019, 31 (10).

④ 资料来源：https://returnonnow.com/

8　模糊机会约束最小二乘双支持向量机算法及其在金融市场应用的研究

由许多交互的子单元组成的复杂系统，这些子单元可以对外部变化做出快速反应①。已有的研究表明，搜索引擎中关键词的搜索量与金融市场波动之间存在联系，通过关键词搜索量信息可以对金融市场波动进行预测。

达等（Da et al.）（2011）的研究发现，谷歌趋势中对罗素3000成分股个股名称（ticker）的搜索量可以反映金融市场参与者对个股的关注，当研究对象为市值较小的公司时，搜索量的增加引起该股票在未来十个交易日价格的上涨。他们的研究成为了使用百度指数或谷歌趋势对个股波动预测的开端，证明了互联网使用者中包含了投资者，他们的搜索行为可以反映其对信息的需求。他们在随后的研究中对此问题进行了更加全面深入的研究。达等（Da et al.）（2012）使用搜索量对公司产品的收入惊喜（revenue surprises）、盈利惊喜（earnings surprises）和盈利公告回报等进行预测。他们的研究发现，公司最受欢迎的产品的搜索指数（search volume index）的增加（减少），可以强烈地预示正（负）的收入惊喜②。在产品较少的公司、成长型公司和管理其报告收益的公司中，搜索指数对围绕收益公告的回报具有很强的可预测性。其研究表明，对公司产品的搜索指数，是公司未来现金流量的一个价值相关领先指标，可以对其未来现金流进行预测。达等（Da et al.）（2015）通过汇总互联网使用者在网络搜索中，诸如"破产""萧条""衰退"等词汇的搜索量，构建了一个可以反映互联网使用者对金融和经济态度的"恐慌"（fears）指数。在对2004—2011年的搜索量数据进行研究后发现，恐慌指数对市场的未来收益有较好的预测能力，恐慌指数升高时市场的当日收益会降低，但市场收益的波动方向会在次日反转。在对截面数据进行分析后发现，噪音交易者较多的股票对这种反转效应更为敏感③。

丁普夫尔等（Dimpfl et al.）（2015）研究了股票市场波动的动态性和散户投资者对股票市场的注意力，其中对股票市场的注意力是通过与股票市场领先指数相关的网络搜索查询量来衡量的。他们的研究发现，道琼斯指数的实现波

① TOBIAS PREIS, DANIEL REITH, H. EUGENE STANLEY. Complex dynamics of our economic life on different scales: insights from search engine query data [J]. Philosophical Transactions of the Royal Society A, 2010, 368: 5707-5719.

② DA Z, ENGELBERG J, GAO P. In Search of Fundamentals [J]. Social Science Electronic Publishing, 2011: 257-275.

③ ZHI DA, JOSEPH ENGELBERG, PENGJIE GAO. The Sum of All FEARS Investor Sentiment and Asset Prices [J]. Social Science Electronic Publishing, 2015, 28 (10): 1-32.

动率与搜索量相关度较高，当前一天的搜索量较高时，则次日的波动性增加；同时，波动性较高也会引起搜索量的增加①。阿迈勒等（Amal Aouadi et al.）（2013）使用法国谷歌趋势，对巴黎 CAC40 指数中 40 只股票的波动率进行预测，研究发现，谷歌搜索量的提升推动了个股的流动性，股市波动与以谷歌搜索量所衡量的投资者关注息息相关。投资者使用搜索引擎对金融信息进行搜索，会提升信息向股票价格传递的速度，因此，投资者在互联网上获取信息的行为会有助于提升股票市场效率②。

宋双杰等（2011）使用谷歌趋势对 IPO 市场存在的异象进行了解释，发现借助 IPO 前个股网络搜索量对于市场热销程度、长期表现和首日超额收益有较好的解释能力。俞进庆等（2012）使用百度指数预测个股波动，研究表明个股搜索量对个股未来价格波动产生正向的压力。张继德等（2014）的研究显示，投资者关注度较高，即百度指数搜索量较大，会显著提高股票的成交量和换手率，关注降低时成交量和换手率也会相应降低，同时发现百度指数对股票收益有正向影响。

1.3 研究内容与方法

1.3.1 研究内容

本书主要对以下内容进行了研究：第一，通过机会约束规划和模糊隶属度，给出了一种全新的模糊机会约束最小二乘支持向量机（FCC-LSTSVM），能够有效地测量数据噪声；当被研究的数据在统计学意义下分布不确定时，研究了最小二乘支持向量机的分类问题。第二，通过基于图片识别原理的数据获取程序，采集了 28 个与宏观经济、居民消费相关的关键词百度指数日数据，其中，PC 端数据的时间跨度为 2006—2017 年，移动端数据的时间跨度为 2011—2017 年。第三，使用 ISOMAP–FCC–LSTSVM、FCC–LSTSVM、SVM、

---

① THOMAS DIMPFL, STEPHAN JANK. Can Internet Search Queries Help to Predict Stock Market Volatility? [J]. European Financial Management, 2015, 22 (2): 171–192.

② DRAKE M S, ROULSTONE D T, THORNOCK J R. Investor Information Demand: Evidence from Google Searches Around Earnings Announcements [J]. Journal of Accounting Research, 2012, 50 (4): 1001–1040.

GARCH 方法，利用采集的 28 个关键词百度指数，对沪深 300 指数波动进行预测，并比较各个算法的准确度。第四，本书给出了一个 ISOMAP 算法的改进算法。通过对已有文献的梳理和已有理论的分析，本书提出以下几个研究假设，内容包括：

（1）使用百度指数数据可以对沪深 300 波动进行有效的预测。互联网使用者运用百度进行知识获取时，在 PC 端的搜索行为更为"慎重""严肃"。

（2）采用与宏观经济、居民消费相关的关键词的百度搜索量可以对沪深 300 指数波动进行预测。

（3）与传统时间序列预测模型相比，支持向量机等机器学习模型对波动率预测的鲁棒性更高。

1.3.2 研究方法

本书的立意来源于对国内外大量文献的阅读和梳理，基于投资者有限关注理论，对使用百度指数或谷歌趋势对金融市场进行预测的前沿文献进行了系统的学习和掌握。由于百度指数获取的难度大于谷歌趋势，笔者发现前人研究中未涉及使用百度指数对沪深 300 指数进行预测，基于此开展了本书的研究。通过人工数据实验，当数据点在统计学意义下的性质不确定时，验证了本书给出的新的模糊机会约束双支持向量机模型，同时验证了算法精度。在定量分析的过程中，主要使用了统计学、统计学习方法、计量经济学及数学模型程序化实现等内容，其中将 GARCH 模型与 SVM 模型作为基准模型，与 ISOMAP-FCC-LSTSVM、FCC-LSTSVM 进行了预测精度比较。在定性分析的过程中，应用了拓扑学中的空间嵌入理论。此外，本书研究中主要使用的软件有 Python3.6、Stata14、Matlab2013a 等。

1.4 本书结构安排

本书以使用百度指数、谷歌趋势预测金融市场中股票波动的应用为背景，针对数据集高维的特点，使用 28 个与宏观经济、居民消费等相关的百度指数关键词，对沪深 300 指数波动进行了预测，逻辑框架见图 1-2。

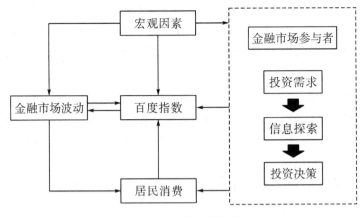

图 1-2　本书逻辑框架

本书的结构安排如下：

（1）第 1 章绪论。对本书的研究背景和研究意义进行了介绍，同时对国内外研究现状进行了简单梳理。

（2）第 2 章金融市场波动预测模型类文献及基于搜索指数的金融市场波动预测类文献述评。首先回顾了金融市场波动的研究，对预测金融市场波动性，如衍生品定价、投资组合风险管理和套期保值策略等的文章进行了模型比较。从传统的 GARCH 算法，到 SVM 模型、神经网络算法，再到 ISOMAP 算法等等都进行了广泛的应用和性能的比较。其次，对使用百度指数和谷歌趋势作为代理变量研究金融市场波动的文章，从指数（趋势）的时间跨度选取、指数（趋势）的关键词选取、研究模型及方法等角度进行了比较分析。本章为第 5 章基准模型选取、关键词选取等，提供了理论及应用支撑。

（3）第 3 章理论及方法介绍。对本书后续研究中所涉及的基础理论和方法进行了介绍。

（4）第 4 章模糊机会约束最小二乘双支持向量机（FCC-LSTSVM）模型。给出了一个针对分类的、新的模糊机会约束最小二乘双支持向量机（FCC-LSTSVM）算法。当数据点在统计学意义下的性质不确定时，本模型可以有效地处理噪声数据，并通过数据实验进行了验证。

（5）第 5 章基于百度指数的沪深 300 指数波动率预测研究。通过收集到的 28 个关键词的百度指数搜索量，在进行了描述性统计后，基于 python3.6，用 ISOMAP-FCC-LSTSVM 混合算法、FCC-LSTSVM 算法、SVM 算法、GARCH 算法对沪深 300 指数波动率进行预测，并对预测方法进行了性能比较。

（6）第 6 章关于 ISOMAP 算法的改进。通过合理的假设，理论上证明了

ISOMAP 算法改进的方法。

（7）第 7 章全书总结与研究展望。概括了本书的主要工作内容和创新之处，以及不足之处。

1.5 本书创新及不足

本书的主要创新有以下几点：

（1）通过机会约束规划，给出了一个针对分类的、新的模糊机会约束最小二乘双支持向量机（FCC-LSTSVM）模型，可以有效地处理噪声数据。当数据点在统计学意义下的性质不确定时，研究了双支持向量机的分类问题。对数据集已知的分布的某些性质，FCC-LSTSVM 模型可以尽可能地确保得到更低的不确定数据集误分类概率。通过不确定数据集的矩信息将 FCC-LSTSVM 模型转化为二阶锥规划问题，同时也介绍了二阶锥规划的对偶性质。然后，通过计算对偶问题，得到了双平面。此外，还通过人工数据和真实数据，检验了 FCC-LSTSVM 模型的性能。

（2）本书为判断百度指数关键词在科研中的应用场景提供了依据。随着移动互联网技术和硬件的发展，虽然台式电脑、笔记本电脑、平板电脑的使用率均出现下降，手机不断挤占其他个人上网设备的使用空间，但是，当互联网使用者对需要花费大量金钱，需要慎重决策的领域、消费品进行了解或消费时，会更倾向于使用 PC 端进行知识获取和信息搜集。本书发现互联网使用者进行搜索时存在异质性：首先，搜索行为存在异质性，即需要互联网使用者"严肃"对待的领域，其更加倾向使用 PC 端获取信息；其次，搜索时注意力集中度存在异质性，即互联网使用者在移动端进行关键词搜索获取信息时，注意力较为分散，从而搜索行为较发散，会对表面看来毫无关联的关键词同时做出搜索。因此，尽管移动端用户数量已远远超过 PC 端，但由于其获取信息时搜索行为的异质性及注意力集中度的异质性，如果待研究领域为需要信息获取者严肃对待的，选用 PC 端百度指数作为代理变量，数据噪声更低，结果更为准确。

（3）本书对沪深 300 指数波动性预测研究提供了新方法，为防范系统性金融风险提供了新视角。基于科学选取移动端与 PC 端 28 个关键词百度指数，采用 ISOMAP-FCC-LSTSVM、FCC-LSTSVM、SVM、GARCH 算法对沪深 300 指数波动率进行了预测，比较了四个算法的算法精度，发现 PC 端百度指数数据对沪深 300 指数波动预测的精度高于移动端百度指数数据。

（4）对 ISOMAP 算法中测度高维数据点之间的距离进行了重新假设，假如测地距离与欧式距离可比较，那么在算法中，使用欧式距离会达到类似效果，同时降低算法复杂度。

本书使用百度指数数据对沪深 300 指数波动率进行了预测，检验了文章提出算法的精度。在未来的工作中有以下几点需要完善：

（1）在第 4 章中，本书提出了一个模糊机会约束最小二乘双支持向量机（FCC–LSTSVM）算法，更进一步提升该算法的预测精度会是将来十分重要的研究方向。

（2）在第 5 章中，本书使用 28 个关于宏观经济和居民消费的关键词对沪深 300 指数波动进行预测。其中，关键词选取方法还能够更进一步完善，关键词选取数量及涵盖面还可以继续扩大，非交易日百度指数数据如何影响交易日波动也值得继续深入研究。此外，未来工作的重点应在扩大数据包含信息量的同时，更进一步降低数据噪声。

（3）在第 6 章中，本书针对使用 ISOMAP 算法进行数据降维这一问题，对数据集提出了条件更强的假设，在此假设下，证明了使用欧式距离比测地距离效果更好。存在的不足是，仅在理论上对此想法进行了论证，有待使用数据实验进行验证。

2　金融市场波动预测模型类文献及基于搜索指数的金融市场波动预测类文献述评

本章将回顾在金融市场波动预测类文献中，研究重点为比较模型算法精度的文章。本章通过梳理不同研究中的算法选取、精度比较以及混合模型选取思路，确定了第5章中基准模型及混合模型的选取依据。基于 ISOMAP 算法在公司财务预警及其他高维数据处理领域所展示的稳定表现，本章对本书第6章的内容具有极大启示意义。在此基础上，本章对基于搜索指数对金融市场波动预测的文献进行了回顾，理论和实践上均支撑了使用搜索引擎搜索量预测金融市场波动的可行性。同时，本章通过比较发现过去研究中存在的不足，例如时间跨度短，搜索量多为周、月度数据，预测方法单一等，也为本书关键词选取提供了依据。本书突破百度指数获取难度较大的难题后，创新地将移动端搜索量涵盖入应用研究中，为第5章提供了数据基础。

2.1　金融市场波动预测模型类文献述评

金融市场波动性预测具有重要的现实意义和理论价值。波动性在金融市场中起着至关重要的作用，如衍生品定价、投资组合风险管理和套期保值策略，因此，需要寻找一种更合适的模型以及多样化的数据来更准确地预测波动性。为了追求波动率预测中"精度提高"这一目标，学术界寻求突破主要集中在模型的优化创新和预测波动率时使用数据源的创新。过去对金融市场波动率研究的文章中，应用了诸多在第3章中将要提到的方法，研究方法涵盖了GARCH 模型、神经网络算法、流形学习方法以及混合模型等，其中，GARCH

模型在近年来的研究中主要作为基准模型，与其他模型进行预测精度比较。研究内容从股指、期指波动到公司财务预警，展现了不同研究方法面对不同研究对象时的稳定性。具体比较如表2-1所示。本节首先对预测金融市场波动的文献中有关模型优化创新的研究进行简要介绍。

表 2-1 金融市场波动研究文献概览

文献	方法选择						研究样本及内容*	最佳模型
	GARCH	OLS*	SVM	NN*	ISOMAP	hybrid-model*		
Bentes (2015)①	√	√					香港、印度、韩国、美国证券市场月收盘价及各自的基本日指数，预测实现波动率	GARCH
Bouri et al. (2016)②	√						2011—2016 年比特币日收益率的对数＊100,研究比特币避险功能	GARCH
Wang et al. (2018)③	√						使用S&P500 1991—2015 年指数数据，与 NIKKEI225 指数、DAX 指数、CAC40 指数、FTSE100 指数、S&P/TSX 复合指数，研究美国股指的溢出效应	GARCH
Kristjanpoller et al. (2014)④	√			√			使用 2000—2011 年巴西、智利、墨西哥日指数，预测实现波动率	NN

① BENTES S R. A comparative analysis of the predictive power of implied volatility indices and GARCH forecasted volatility[J]. Physica A Statistical Mechanics & Its Applications, 2015, 424:105-112.

② BOURI E, AZZI G, DYHRBERG A H. On the Return-Volatility Relationship in the Bitcoin Market around the Price Crash of 2013[J]. Economics-The Open-Access, The Open-Assessment E-Journal, 2016(1):1-16.

③ WANG Y, PAN Z, WU C. Volatility spillover from the US to international stock markets: A heterogeneous volatility spillover GARCH model[J]. Journal of Forecasting, 2018(4).

④ KRISTJANPOLLER W, FADIC A, MINUTOLO M C. Volatility forecast using hybrid Neural Network models[J]. Expert Systems with Applications, 2014, 41(5):2437-2442.

表2-1(续)

文献	方法选择						研究样本及内容*	最佳模型
	GARCH	OLS*	SVM	NN*	ISOMAP	hybrid-model*		
Lu et al. (2016)①	√			√		√	使用 2013—2016 年上证所中国能源指数,预测中国能源市场对数收益的波动性	hybrid-model
Zhang et al. (2017)②	√		√			√	使用 1992—2009 年石油现货及期货价格进行波动预测	SVM
耿立艳 等 (2016)③			√				使用 2011—2013 年中国上证综指和深证成指交易日大盘指数,预测股指波动率	SVM
Hossain et al. (2011)④	√		√			√	使用 2006—2010 年的 BSE 指数、2001—2010 年的 NIKKEI225 指数,对指数波动率进行预测	hybrid-model
Huang et al. (2014)⑤					√		使用 2006—2010 年上证 A 股 205 家公司的财务数据,预警上市公司财务危机	ISOMAP

　*：OLS、NN、hybrid-model 分别表示普通最小二乘法、神经网络（neural network）、混合模型；NIKKEI225 指数为日本东京证交所股价指数，DAX 指数为德意志交易所集团指数，CAC40 指数为巴黎证券交易所前 40 大上市公司指数，FTSE100 指数为伦敦金融时报 100 指数。

　① LU X, QUE D, CAO G. Volatility Forecast Based on the Hybrid Artificial Neural Network and GARCH-type Models [J]. Procedia Computer Science, 2016, 91:1044-1049.

　② ZHANG Y J, ZHANG J L. Volatility forecasting of crude oil market：A new hybrid method[J]. Journal of Forecasting, 2017, DOI:10. 1002/for. 2502.

　③ 耿立艳，郭斌. 中国股指波动率的智能预测模型与实证检验[J]. 统计与决策，2016(7):148-151.

　④ HOSSAIN A, NASSER M. Recurrent Support and Relevance Vector Machines Based Model with Application to Forecasting Volatility of Financial Returns [J]. Journal of Intelligent Learning Systems & Applications, 2011, 3(4):230-241.

　⑤ HUANG Y, KOU G. A Kernel Entropy Manifold Learning Approach for Financial Data Analysis[J]. Decision Support Systems, 2014, 64(8):31-42.

下文中，我们将按照模型选取的思路，对文献进行详细回顾及简要述评。GARCH 族模型，广泛应用于证券市场日回报研究、比特币市场波动研究、原油期货及现货价格波动研究、跨市场波动研究等，同时，由于其在金融危机中发现资产收益波动的不可靠性[1][2][3][4]而受到批评。张佳（2017）利用 GARCH 族模型在融入了风险测度后构建了拟合程度较高的 GARCH-M 模型，研究了股指期货对我国股市波动的影响。王曦等（2017）基于包含马尔科夫区制转换的 BEKK 多元 GARCH 模型，将股价、房地产价格和金融状况指数（Financial Conditions Index，FCI）认为是资产价格的变量，主要研究了资产价格与货币政策之间的关系。本特斯（Bentes）（2015）使用 2003 年 10 月至 2012 年 7 月香港、印度、韩国及美国（基准国）月度指数收盘价，通过分别检验隐含波动率和 GARCH 预测波动率对实现波动率的波动规律进行预测。他的研究通过使用 GARCH 模型来预测残差随时间变化的方差，进而解释了条件异方差性。他的研究发现，对实现波动率而言，GARCH 预测波动率比隐含波动率效果更好。而这一结论成立，需要建立在特定的预测精度指标上。他们研究的主要局限在于，只使用了基准国做比较，对模型使用而言，没有基准模型做横向比较。

布里等（Bouri et al.）（2016）采用以不同货币计价的日数据，研究比特币市场回报与波动率变化间的关系。他们使用 2011 年 8 月 18 日至 2016 年 4 月 29 日（包含了 2013 年 12 月比特币价格崩盘）Bitstamp 市场的比特币日交易数据，同时涵盖了与比特币交易量最大的几种货币（美元、澳元、加元、英镑、欧元、日元等），以解释货币价值变化的非对称效应影响。GARCH 框架的模型被应用于检验波动性，他们将数据划分为崩盘前后两部分，避开了前文提到

① KUNG L M, YU S W. Prediction of index futures returns and the analysis of financial spillovers—A comparison between GARCH and the grey theorem [J]. European Journal of Operational Research, 2008, 186 (3)：1184-1200.

② APERGIS N. The role of FOMC minutes for US asset prices before and after the 2008 crisis：Evidence from GARCH volatility modeling [J]. Quarterly Review of Economics & Finance, 2015, 55：100-107.

③ TSENG C H, CHENG S T, WANG Y H, et al. Artificial neural network model of the hybrid EGARCH volatility of the Taiwan stock index option prices [J]. Physica A Statistical Mechanics & Its Applications, 2008, 387 (13)：3192-3200.

④ LIM C M, SEK S K. Comparing the Performances of GARCH-type Models in Capturing the Stock Market Volatility in Malaysia [J]. Procedia Economics & Finance, 2013, 5：478-487.

的 GARCH 模型在金融危机中预测资产波动性的缺陷，结论是在比特币价格崩盘前，其避险功能与黄金类似。这篇文章使用传统 GARCH 框架下的模型，选取了比特币市场这一新兴的"金融市场"对其波动性进行研究。王等（Wang et al.）（2016）基于拉帕奇等（Rapach et al.）（2013）①的工作，将美国股票收益可以为国际股票收益提供预测的观点，拓展到了波动性的角度。他们研究了 S&P500 与 NIKKEI225 指数、DAX 指数、CAC40 指数、FTSE100 指数、S&P/TSX 复合指数，自 1991 年 1 月 4 日至 2015 年 12 月 30 日的指数数据，研究美国股指的波动率溢出的时变特性。他们在文中提出了一个异质波动溢出——广义自回归条件异方差模型（HVS-GARCH），将波动分解为两个分量：一个分量基于过去波动本身，另一个基于不同资产的波动溢出效应。在与同类型算法比较后，该模型显示了其有效性。他们的研究中，通过划分研究时期或基于 GARCH 模型框架做出细微改动并没有解决 GARCH 模型的固有缺陷。

神经网络算法与 GARCH 混合模型相比，由于其具有更加灵活的描述股票收益波动的特点，且预测精度相较单独应用 GARCH 模型得到了提升，因此在很多文章中得到了应用。与单独使用 GARCH 模型相比，加入神经网络算法后具有一定吸引力，但是该方法忽略了过度拟合和波动聚类②。克里斯蒂泼尔等（Kristjanpoller et al.）（2014）使用 ANN-GARCH 混合模型，对拉美三个国家（巴西、智利、墨西哥）股票指数（2001 年 1 月 3 日至 2011 年 12 月 30）的波动性进行了预测研究。结果显示，加入了神经网络算法的 GARCH 模型可以大幅度提高预测的鲁棒性。路等（Lu et al.）（2016）使用 GARCH 和 ANN 的混合模型预测中国能源市场对数收益序列波动性，考虑标准误差（RMSE）时，该混合模型在预测波动性性能上优于其他模型。

金融时序数据包含大量非线性成分，而 ARMA 方程又是一种典型的线性回归方程，对包含大量非线性成分数据的预测中，其预测精度有待提高③。张贵生和张信东（2016）借由支持向量机技术处理非线性高维数据的优势，结合 GARCH 模型处理预测残差的异方差性，解决了支持向量机对样本数据信息

---

① RAPACH D E, STRAUSS J K, ZHOU G. International Stock Return Predictability: What Is the Role of the United States? [J]. Social Science Electronic Publishing, 2013, 68 (4): 1633-1662.

② NING C, XU D, WIRJANTO T S. Is volatility clustering of asset returns asymmetric? [J]. Journal of Banking & Finance, 2015, 52: 62-76.

③ 张贵生，张信东. 基于近邻互信息的 SVM-GARCH 股票价格预测模型研究 [J]. 中国管理科学，2016，24（9）：11-20.

学习不完备的不足，对日经 225 指数进行了预测，提高了预测精度。

为了克服以往模型的局限性，许多研究选取了基于统计学习理论的支持向量机（SVM）。支持向量机技术在分类[①②]、回归[③④]、时间序列预测[⑤⑥]以及金融市场预测[⑦⑧]等领域，得到了广泛的应用。支持向量机利用结构风险最小化原理，将求解过程转化成凸二次优化问题，保证了解是全局最优[⑨]。

张等（Zhang Y-J, et al.）（2017）针对原油价格波动的复杂特性，提出了一种基于隐马尔可夫模型（HMM）、GARCH 族模型和最小二乘支持向量机模型（LSSVM）的混合预测方法，并对新方法的预测性能进行了评估，与GARCH 族模型及其他相关预测方法进行了比较。结果表明，HMM 可以捕捉价格波动的结构性变化，GARCH 族模型可以很好地描述非对称波动效应，LSSVM 对结果进行修正，新的混合预测方法能够显著提高原油价格波动的预测精度。此外，本文的数据时间跨度为 1992—2006 年，他们提出的方法能更准确地预测原油价格波动。此文的不足之处在于，没有加入其他波动预测模型与 GARCH 族模型作为对比。

① OSUNA E E. Support vector machines: Training and applications [J]. A. I. Memo no. 1602, C. B. C. L. Paper, 1997, 144 (9): 1308-16.

② BROWN M. Knowledge-based analysis of microarray gene expression data by using support vector machines [J]. PNAS, 2000, 97 (1): 262-267.

③ YANG H, CHAN L, KING I. Support Vector Machine Regression for Volatile Stock Market Prediction [J]. Intelligent Data Engineering and Automated Learning-IDEAL. 2002, 2412: 391-396.

④ GUNN S. Support Vector Machines for Classification and Regression [J]. Analyst, 2010, 135 (2): 230.

⑤ CAO L. Support vector machines experts for time series forecasting [J]. Neurocomputing, 2003, 51 (2): 321-339.

⑥ SAPANKEVYCH N I, SANKAR R. Time series prediction using support vector machines: a survey [J]. Computational Intelligence Magazine IEEE, 2009, 4 (2): 24-38.

⑦ INCE H, TRAFALIS T B, TRAFALIS T. Short Term Forecasting with Support Vector Machines and Application to Stock Price Prediction [J]. International Journal of General Systems, 2008, 37 (6): 677-687.

⑧ KARA Y, ACAR BOYACIOGLU M, BAYKAN Ö K. Predicting direction of stock price index movement using artificial neural networks and support vector machines [J]. Expert Systems with Applications, 2011, 38 (5): 5311-5319.

⑨ LIANG Y, NIU D, YE M, et al. Short-Term Load Forecasting Based on Wavelet Transform and Least Squares Support Vector Machine Optimized by Improved Cuckoo Search [J]. Energies, 2016, 9 (10): 827.

耿立艳和郭斌（2016）提出将改进型粒子群算法与最小二乘支持向量机（LSSVM）相结合的中国股指波动率智能预测方法，利用径向基核函数 LSSVM 对股指波动率进行建模及预测，并将自适应惯性权重粒子群算法（AIWPSO）和动态加速系数粒子群算法（DACPSO）分别实现径向基核函数 LSSVM 的参数优化，建立了两种股指波动率的智能预测模型，以日内价格极差作为波动率①的代理变量，通过对上证综指和深证成指的实证研究检验了两种模型的有效性。他们对日内波动率代理变量的选择，给本书接下来实证章节选取波动率代理变量提供了重要参考。

侯赛因和纳赛尔（Hossain，Nasser）（2011）使用 ARMA-GARCH、递归支持向量机（RSVM）和递归相关向量机（RRVM），选取均方误差（MSE）、平均绝对误差（MAE）和线性回归 R 方作为模型性能评估指标，对孟买敏感30 指数（BSE SENSEX）和日经 225 指数（NIKKEI225）进行了波动率预测研究。他们的研究表明，RSVM 和 RRVM 的预测效果相当（只有此二者模型在预测中具有鲁棒性），且都优于 GARCH 模型，同时 ARMA-GARCH 模型的预测效果远远优于纯 GARCH 模型。黄和寇（Huang，Kou）（2014）基于高维数据近似嵌入于低维流形的假设，尝试通过流形学习算法去发现高维金融数据（上市公司财务数据、上证指数数据）的低维表示。文章给出了一个核熵流形学习（Kernel Entropy Manifold Learning，KEML）算法，在使用上市公司财务数据的实验中，KEML 算法的正确率高于其他六种分类算法。他们的工作全面地展示了流形学习算法在金融数据实验中的应用效果，但是当数据规模较大时，计算耗时急剧增加，算法效率降低。

通过上文对金融市场波动预测模型类文献的述评我们可以看到，金融市场波动预测模型一直以来都是金融数学领域关注的热点，从传统的 GARCH 模型，到 SVM 模型、神经网络算法，再到 ISOMAP 算法等等都得到了广泛的应用和性能的比较。其中，SVM 模型、神经网络算法的预测精度优于传统的 GARCH 模型，流形学习算法也展示出了优良的运算效果。在本书的下一章中，会给出一种全新的，在预测的精度和鲁棒性上优于 SVM 模型。因此，在第 5 章中我们将选取 GARCH 模型、SVM 模型作为基准模型，同时将 ISOMAP 算法加入模糊机会约束最小二乘支持向量机算法，共同与模糊机会约束最小二乘支持向量机算法进行比较。

① GARMAN M B, KLASS M J. On the Estimation of Security Price Volatilities from Historical Data [J]. Journal of Business, 1980, 53 (1)：67-78.

2.2　基于搜索指数的金融市场波动预测类文献述评

古典金融理论认为，资产价格是资产预期收益的贴现值，或是加了风险溢价误差因子以无风险收益率折现资产的未来收益。投资者关注或投资者情绪在股票价格形成中，不起任何作用。理性投资者竞争时，会优化其投资组合的统计特性，这将导致价格与预期现金流的合理贴现值相等的均衡。同时，古典金融理论认为，即使有投资者是非理性的，非理性投资者的需求也会被套利者补偿，因而不会对价格产生影响。标准的资产定价模型的假设是，信息在被市场参与者接收后，立刻反映至价格中。这一假设的前提就要求，作为市场参与者的个体，要不断地对其资产进行足够的关注。然而，在许多研究中却发现市场出现的"异象"，如"媒体效应""盈余公告效应""过度自信"等，不能诉诸经典理论进行解释。直到行为经济学理论的出现，才为传统经济学理论分析问题时出现的"异象"提供了有益的补充和独立的解释。事实上，注意力是一种极度稀缺的资源[1]，金融市场参与者的注意力也是一种稀缺的资源，他们对信息的接受有限，注意力有限。

赫伯特·西蒙（Herbert Simon）认为，投资者决策过程是从尝试搜集信息开始的[2]。互联网、大数据和人工智能的高速发展，为人们绘制了一幅囊括日常生活方方面面的"大数据"图景，也为科学家们提供了解决我们所处复杂世界的基本问题的一个重要机会。金融市场，是此类研究的重要领域[3][4]。市场变动对个人财富和地缘政治事件产生的巨大影响，引起了对此问题广泛的科

---

① TVERSKY A, KAHNEMAN D. Availability：A heuristic for judging frequency and probability [J]. Cognitive Psychology, 1973, 5 (2)：207-232.

② SIMON H A. A Behavioural Model of Rational Choice [J]. Quarterly Journal of Economics, 1955, 69 (1)：99-118.

③ FEHR E. Behavioural science：The economics of impatience [J]. Nature, 2002, 415 (6869)：269-272.

④ SHLEIFER A. Inefficient Markets：An Introduction To Behavioral Finance [M]. Oxford University Press, Oxford, UK, 2000.

学关注[1][2][3][4]。例如，最近的一系列研究都集中在百度指数（更一般的说法是投资者关注）对金融市场波动的影响分析上，在一定程度上挑战了经典金融理论中，投资者情绪或投资者关注在股票价格波动、实现收益或预期收益中没有影响的观点[5]。

首先，对两个名词进行解释：

（1）百度指数（Baidu Index）：以网民行为数据为基础，可以提供某个关键词在百度的日搜索量，其中，PC端搜索量从2006年6月1日至今，移动端搜索量从2011年1月1日至今。百度指数不提供下载，使用爬虫[6]或MATLAB中的OCR包[7]抓取数据时，会有5%左右的误差（抓取百度指数页面时，识别数据目标为图片格式，但抓取的图片左下方有"@index.baidu.com"水印，由此造成误差）。百度指数提供关键词搜索量的分时数据、日数据、周数据，当搜索周期大于12个月时，百度指数返回关键词的周搜索数据。因此，如果需要对日数据进行研究，必须将关键词搜索周期设置为一年以内。

（2）谷歌趋势（Google Trends）：与百度指数所提供的主要数据服务类似，不同之处在于，它可以显示一个特定的搜索词在全球不同使用谷歌的地区、不同语言的日搜索总量，其对"语言"的定义是所有共享特定语言的国家和地区的组合搜索量[8]。使用Python爬虫[9]对谷歌趋势数据提取时，已有的文章中未出现误差[10]。与百度指数不同，谷歌趋势的搜索周期大于3个月时，返回的

① LILLO F, FARMER J D, MANTEGNA R N. Econophysics：Master curve for price-impact function ［J］. Nature, 2003, 421（6919）：129-30.

② GABAIX X, GOPIKRISHNAN P, PLEROU V, et al. A theory of power-law distributions in financial market fluctuations ［J］. Nature, 2003, 423（6937）：267-270.

③ PREIS T, KENETT D Y, STANLEY H E, et al. Quantifying the behavior of stock correlations under market stress ［J］. Sci Rep, 2012, 2（7420）：752.

④ SORNETTE D, WOODARD R, ZHOU W X. The 2006—2008 oil bubble：Evidence of speculation, and prediction ［J］. Physica A Statistical Mechanics & Its Applications, 2012, 388（8）：1571-1576.

⑤ BAKER M, WURGLER J. Investor Sentiment in the Stock Market ［J］. Journal of Economic Perspectives, 2007, 21（2）：129-151.

⑥ 资料来源：https：//github.com/chapmanhan/desert/tree/master.

⑦ 资料来源：https：//github.com/songgeb/BDIndexSpider.

⑧ 资料来源：https：//en.wikipedia.org/wiki/Google_Trends.

⑨ 资料来源：https：//github.com/twiecki/replicate_google_trends.

⑩ PREIS T, MOAT H S, STANLEY H E. Quantifying Trading Behavior in Financial Markets Using Google Trends ［J］. Scientific Reports, 2013, 3：1684-1691.

数据就为周数据。

百度指数与谷歌趋势提供的互联网使用者的微观搜索数据，其传递的信息可以使我们洞察到经济生活中最微观个体的行为。在谷歌退出中国之前（2010年10月），百度搜索就占据中国搜索市场超过一半的份额①。谷歌退出中国之后，自2011年开始，百度搜索在中国搜索市场的份额始终维持在70%以上。谷歌搜索引擎，在绝大多数英语国家的搜索市场的年度市场份额，始终维持在80%以上，在日本、俄罗斯等非英语国家也有一半以上占比②。通过搜索引擎，微观个体每天都在进行着数以亿次的搜索行为。互联网用户的"集体智慧"和金融市场参与者，可以被视为一个由许多交互的子单元组成的复杂系统，这些子单元可以对外部变化做出快速反应③。我们自然会问，在相同的时间尺度上，搜索引擎中关键词的搜索量与金融市场波动之间是否有联系，又有怎样的联系。近十年来，国内外有许多文章对这一问题进行了研究，表2-2是对其中有代表性研究的概览：

表2-2　基于百度指数/谷歌趋势的金融市场波动研究文献总结

| 文献 | 指数选取 | | 研究跨度 | 关键词选取 | 研究对象 | 研究方法 |
	百度指数	谷歌趋势				
宋双杰 等 (2011)④		√	2005年1月— 2011年3月	IPO前公司名称	IPO前个股网络搜索量（周数据）对市场热销程度、首日超额收益和长期表现的影响	bootstrap 方法做回归分析
俞进庆 等 (2012)⑤	√		2011年4月— 2012年3月	个股简称和个股代码搜索量之和	百度指数日数据与创业板股票市场表现	固定效应模型进行面板回归

①　资料来源：艾瑞咨询《中国搜索引擎年度监测报告》。

②　资料来源：https://returnonnow.com/.

③　TOBIAS PREIS, DANIEL REITH, H. EUGENE STANLEY. Complex dynamics of our economic life on different scales: insights from search engine query data [J]. Philosophical Transactions of the Royal Society A, 2010, 368: 5707-5719.

④　宋双杰,曹晖,杨坤. 投资者关注与IPO异象:来自网络搜索量的经验证据[J]. 经济研究, 2011(s1):145-155.

⑤　俞庆进,张兵. 投资者有限关注与股票收益:以百度指数作为关注度的一项实证研究[J]. 金融研究, 2012(8):152-165.

表2-2(续)

文献	指数选取		研究跨度	关键词选取	研究对象	研究方法
	百度指数	谷歌趋势				
张继德 等 (2014)①	√		2009 年 1 月—2011 年 12 月	个股简称	以百度指数月度数据与上证 180 指数样本股为研究对象,探索股票收益及流动性与投资者关注度的关系	Fama 因子模型
成松豪 等 (2014)②	√		IPO 前 23 天	个股简称	2011—2012 年 IPO 前 23 天的百度指数日度数据,验证关注度与 IPO 股票首日表现间的关系	最小二乘法
方壮志 等 (2016)③	√		2014 年 4 月—2015 年 10 月	"碳交易"(移动端与 PC 端搜索量之和)	基于"碳交易"词条的百度指数,解释湖北碳交易市场收益波动	GARCH 模型
姜文杰 等 (2016)④	√		2011 年 1 月—2015 年 3 月	宏观经济政策关键词及房地产相关关键词	使用百度指数月度数据,预测我国大中城市新建住宅价格指数	自回归分布滞后模型、ARMA 模型
陈声利 等 (2018)⑤	√		2011 年 1 月—2017 年 1 月	"沪深 300 股指期货"	基于跳跃、好坏波动率与百度指数提出 HAR 改进模型,实证研究揭示股指期货波动运行规律	HAR 模型

① 张继德,廖微,张荣武.普通投资者关注对股市交易的量价影响:基于百度指数的实证研究[J].会计研究,2014(8):52-59.

② 成松豪,张兵.投资者有限关注行为与 IPO 表现:基于百度指数的研究[J].金融经济学研究,2014(6):28-37.

③ 方壮志,王竹葳,龙欢予.基于百度指数的碳交易市场波动率的实证研究[J].工业技术经济,2016,35(11):28-33.

④ 姜文杰,赖一飞,王恺.基于百度指数的房地产价格相关性研究[J].统计与决策,2016(2):90-93.

⑤ 陈声利,关涛,李一军.基于跳跃、好坏波动率与百度指数的股指期货波动率预测[J].系统工程理论与实践,2018,38(2):299-316.

表2-2(续)

文献	指数选取		研究跨度	关键词选取	研究对象	研究方法
	百度指数	谷歌趋势				
T. Preis et al. (2010)①		√	2004年1月— 2010年10月	标普500上市公司常用缩略语	选取谷歌趋势(周搜索量),研究其与标普500上市公司股价波动的相关关系	Pearson相关系数
Zhi Da et al. (2011)②		√	2004年1月— 2008年6月	罗素3000指数包含股票的个股代号(ticker),IPO股票使用公司名称	谷歌趋势(周搜索量)与罗素3000指数个股(包括IPO股票)价格波动关系	最小二乘法
Wei Zhang et al. (2013)③	√		2011年3月— 2012年3月	上市公司挂牌名称	随机选取上交所与深交所各30只股票,使用百度指数预测价格波动	主成分分析、格兰杰因果检验
T. Preis et al. (2013)④		√	2004年1月— 2011年2月	与金融市场相关的98个关键词	使用与金融市场相关的98个词关键词的日谷歌趋势,做其与道琼斯指数日收盘价波动相关关系研究	最小二乘法
Y-L Zhou et al. (2018)⑤	√		2006年6月— 2017年10月	与金融市场相关的28个关键词	选择28个与中国宏观经济相关的关键词,预测沪深300指数波动	长短记忆神经网络模型(LSTM)、GARCH模型

① PREIS T, REITH D, STANLEY H E. Complex dynamics of our economic life on different scales: insights from search engine query data[J]. Philosophical Transactions Mathematical Physical & Engineering Sciences, 2010, 368(1933):5707-5719.

② ZHI D A, ENGELBERG J, GAO P. In Search of Attention[J]. Journal of Finance, 2011, 66(5):1461-1499.

③ ZHANG W, SHEN D, ZHANG Y, et al. Open source information, investor attention, and asset pricing[J]. Economic Modelling, 2013, 33(2):613-619.

④ PREIS T, MOAT H S, STANLEY H E. Quantifying Trading Behavior in Financial Markets Using Google Trends[J]. Scientific Reports, 2013, 3:1684-1691.

⑤ ZHOU Y-L, HAN R-J, et al. Long short-term memory networks for CSI300 volatility predictionwith Baidu search volume[J].Concurrency and Computation:Practice and Experience,2019,31(10).

在更早的一些研究中，研究者并没有直接度量投资者关注的变量，而是更多地使用间接的代理变量去度量投资者关注，如交易量①②③、新闻及头条④⑤⑥、广告费用⑦⑧等。这些假设的条件非常极端，假如某只股票的交易量显示是极端的，或者某只股票的代码或名字出现在了新闻媒体的报道中，那么投资者就一定会对相应的市场变化产生关注。媒体的报道本身并不意味着投资者一定会对其产生关注，对阅读到相应信息的投资者而言，这样的信息才会获得关注。信息时代制造了大量信息，然而，这些信息并不能很好地成为投资者关注的代理变量，也不能有力地证明使用制造的信息能够作为衡量股票波动的有力工具。百度指数或谷歌趋势反映了互联网使用者自发的行为，代表了其对经济、社会、生活方方面面的关注。在表2-2所列的文献中，都是使用百度指数或谷歌趋势的搜索频率对投资者的注意力进行观测，关注的重点均在投资者关注与资产定价之间的动态关系。使用百度指数或谷歌趋势，除了研究金融市场波动外，其在文化传播⑨、地理学城市引力⑩、流感预测⑪等领域的研究中也发挥

① SIMON GERVAIS, TERRANCE ODEAN. Learning to Be Overconfident [J]. The Review of Financial Studies, 2001, 14 (1)：1-27.

② BARBER B M, ODEAN T. All that glitters：The effect of attention and news on the buying behavior of individual and institutional investors [M]. The Handbook of News Analytics in Finance. John Wiley & Sons, Ltd. 2008：785-818.

③ HOU K, XIONG W, PENG L. A Tale of Two Anomalies：The Implication of Investor Attention for Price and Earnings Momentum [J]. Social Science Electronic Publishing, 2009, 45：416-418.

④ TETLOCK P C. Does Public Financial News Resolve Asymmetric Information? [J]. Review of Financial Studies, 2010, 23 (9)：3520-3557.

⑤ TETLOCK P C. Giving Content to Investor Sentiment：The Role of Media in the Stock Market [J]. Social Science Electronic Publishing, 2007, 62 (3)：1139-1168.

⑥ 张雅慧，万迪昉，付雷鸣.股票收益的媒体效应：风险补偿还是过度关注弱势 [J].金融研究，2011 (8)：143-156.

⑦ GRULLON G, KANATAS G, WESTON J P. Advertising, Breadth of Ownership, and Liquidity [J]. Social Science Electronic Publishing, 2002, 17 (2)：439-461.

⑧ CHEMMANUR T J, YAN A. Advertising, Attention, and Stock Returns [D]. Boston College and Fordhan University, 2009.

⑨ 张兴祥，洪永淼."中国梦"与"美国梦"网络关注度的相关性研究：基于百度指数和谷歌指数的实证检验 [J].厦门大学学报（哲学社会科学版），2017 (5)：1-13.

⑩ 郝修宇，徐培玮.基于百度指数和引力模型的城市网络对比：以京津冀城市群为例 [J].北京师范大学学报（自然科学版），2017，53 (4)：479-485.

⑪ GINSBERG J, MOHEBBI M H, PATEL R S, et al. Detecting influenza epidemics using search engine query data [J]. Nature, 2009, 457 (7232)：1012.

了巨大的作用，为研究人员提供了新的研究视角，得出了许多新颖的结论。

宋双杰等（2011）使用谷歌趋势提供的关键词搜索频率数据，对在 2005 年 1 月 1 日到 2011 年 3 月 28 日在主板市场 IPO 的 825 家公司上市首日的市场表现进行了预测。由于谷歌公司于 2010 年即退出中国市场，同时在使用谷歌趋势时存在部分 IPO 公司名称的未返回项，因此他们只对 671 家公司进行了研究。他们选取的关键词为 IPO 时公司名称，以此统计谷歌趋势的搜索量指数，这样的关键词选取方法未能回避的问题是，对某些 IPO 公司名称的搜索行为，包含了互联网使用者通过网络搜索获取这些公司服务的目的，数据噪声较大，例如 2006 年 7 月上市的"中国银行"，2010 年 8 月上市的"光大银行"等等。同时，作者的研究周期中，存在"谷歌退出中国"这一事件，因此其谷歌退出中国后的谷歌趋势搜索量，对测度投资者关注度这一关键指标时，可能存在一定的偏差。值得指出的一点是，使用百度指数或谷歌趋势对关键词搜索量进行确定，始终是这一领域研究的难点和痛点，时至今日依然是学界未能达成一致的关键点。宋双杰等（2011）的工作使用网络搜索量这一前向指标度量互联网使用者对新发行股票的关注度，革新了过去通过股票市场指标进行测度的指标体系，且更具时效性。

俞庆进和张兵（2012）选取 2011 年 4 月至 2012 年 3 月一年之间百度指数日度数据，利用 MATLAB 程序和手工收集的方法，使用证券简称和证券代码搜索量之和作为投资者关注的代理变量，这是对 Da 等（2011）与宋双杰等（2011）代理变量选择的一些改进。同时，作者注意到了存在若干只股票：机器人、东方财富、汤臣倍健、同花顺等，这些名称除了代表公司股票外，还包括了这些公司互联网产品的名称，它们的搜索量远远高于其他股票简称的百度搜索量，为降低数据噪声，将其剔除。Da 等对股票市场表现指标的选取，与宋双杰等（2011）的类似，选取了异常收益率、成交量、换手率等指标。作者使用了百度指数，作为投资者关注这一代理变量选取的数据源，同时考虑到了搜索时的噪音数据，由于股票样本量（196 支）较小，因此对噪声较大的数只股票搜索量数据进行了剔除。除了揭示股票收益波动与股票代码及名称百度搜索量之间的联系，同时也更进一步探索了应用搜索量于国内金融领域研究这一问题。张继德等（2014）针对上证 180 指数样本股，使用 2009—2012 年的月度百度指数，在剔除了简称具有多重意义的股票、ST 股、搜索数据缺失的股票后，考察了搜索量与股票收益、交易量之间的关系。以股票简称作为百度指数搜索量，数据中存在噪声这一问题始终不能回避，研究人员一般采取的方法为剔除具有多重含义的股票，或剔除明显不是为了获取股票信息而进行搜索的股票搜索量。目前，互联网作为重要的信息源，使用搜索引擎进行搜索行为，进而得到某一关键词的搜索量，一定会包含大量的数据噪声，如何确定对股票简称的搜索一定或大概率是对股票信息进行获取，始终是使用百度指数研究金融领域问题的困难所在。

郦金梁等（2018）结合了传播学中的"两级传播理论"、洪和斯坦因（Hong，Stein）（1999）的模型、行为金融学中的有限关注理论，考察了信息传播如何共同影响股票价格[①]。他们的研究除了关注信息的产生，同时也对信息的传播进行了关注，使用2015年3月由百度公司提供的"百度股市通"数据，通过其热点推荐功能，对标热点事件所对应的利好股票，采用事件研究方法考察股票超额收益率及超额交易量。百度股市通重现了源信息，在二次传播中根据热点事件和概念对利好股票进行了推荐，因此，可将使用百度股市通的互联网使用者认为是金融市场的关注者和参与者，他们的搜索行为是闭环行为，并没有出现之前研究中存在对搜索量数据噪声做处理的操作。张永杰等（2018）使用百度指数中媒体关注数据，研究了238个交易日的340只个股分日逐笔成交数据之间的关系，得到了个股成交量、收益率与异常收益率，以上数据在交易日中与媒体关注量成正比。当在交易日中同时满足高新闻数量与高成交规模时，个股收益率与异常收益率会非常高。他们的研究完善了个股成交量与媒体关注之间的关系，得到了媒体关注将会对个股交易量、收益率产生影响的结论。对百度指数和谷歌趋势数据的应用不仅仅集中在经济学领域，张兴祥和洪永淼（2017）使用百度指数和谷歌趋势分别考察了"中国梦"与"美国梦"的网络关注度，研究发现在中文语境下"美国梦"和"中国梦"存在显著的相关关系，对"美国梦"的搜索行为是"中国梦"搜索行为的格兰杰原因；而使用谷歌搜索二者时，却发现二者只有即时相关性，不存在先后顺序上的互动性。笔者从互联网使用者搜索行为中探索到传播中国文化、塑造强大国际影响力的宣传方式，拓宽了使用百度指数的应用领域。

达等（Da et al.）（2011）发现使用谷歌趋势作为投资者关注的代理变量时，与股票本身的价格特征及交易特征作为代理变量的相关度较低，意味着使用谷歌趋势搜索量作为代理变量时与传统代理变量不同，同时能够反映随时间变化的投资者关注度。自此以后，吸引了越来越多的研究者使用互联网搜索数据作为代理变量对金融市场研究的注意力。T·普赖斯等（T. Preis et al.）

[①] 郦金梁，何诚颖，廖旦等. 舆论影响力、有限关注与过度反应 [J]. 经济研究，2018（3）：126-142.

（2013）认为，金融市场的波动深刻影响着全体人类的方方面面，市场中关于交易决策细微的数据影响着人们的行为，进而引致金融危机的产生。因此，笔者认为，由于互联网使用者与互联网互动而产生的一个新的、量级巨大的数据源，在市场波动时，可以为我们提供关于市场参与者行为的全新视角。通过对谷歌趋势中与金融相关的关键词搜索量的变化进行分析，笔者发现了可以被解释为股市波动的"早期预警信号"的模式。由于数据获取难度小，笔者在关键词搜索量的时间跨度上长于使用百度指数搜索量的研究，由于英语语言的表意特征，关键词选取数量及复杂度上比使用百度指数研究时更多和更复杂。周等（Zhou et al.）（2018）选取 28 个与金融市场相关的中文关键词，利用手工和数据抓取的方法，采集了关键词 2006—2017 年百度指数 PC 端搜索量，使用长短记忆神经网络方法，对沪深 300 指数波动率进行了预测。其研究中选取的深度学习模型（长短记忆神经网络），当数据的关系复杂且存在长记忆性时，可以通过模型在学习过程中获取各层特征，从而避免了依赖人工对特征进行选取。此外，与之前研究相比，其研究中采集的数据（百度指数）时间跨度显著增长，方法的有效性上强于传统的时间序列预测方法。但是由于 28 个关键词搜索量信息在选取过程中与宏观经济、居民消费相关，因此，不可避免地会存在较大的数据噪声，影响结果的科学性。

通过对表 2-2 中的文献进行梳理，可以看到使用百度指数或谷歌趋势，研究金融市场波动这一课题的现状及存在的问题。

（1）在指数（趋势）的选择上。来自中国的科研人员主要选择百度指数，西方的科研人员仅采用谷歌趋势。根据艾瑞咨询历年来发布的中国搜索引擎年度监测报告显示，百度在中国搜索引擎市场上一直处于垄断地位（在谷歌退出中国前，百度搜索的市场占有率也远远高于谷歌）。同样的，对世界范围内的互联网使用者而言，谷歌搜索也一直是使用率最高的搜索引擎[①]。通过综述我们可以清楚地发现，一直以来，融合了百度指数和谷歌趋势的研究文章还很少出现，寻找此二者的联系，描绘视角更为广阔的问题可以成为以后研究此类型问题的方向。

（2）在指数（趋势）时间跨度的选择上。百度指数不提供下载，因此在获取难度上高于谷歌趋势数据，这是造成使用百度指数研究金融市场波动这一问题时，跨度时间较短的主要原因。2016 年之前的多数研究中，百度指数关键词提取跨度为一年，多数是以沪深股票代码、股票简称为提取的搜索量关键

---

① 资料来源：https://returnonnow.com/

词。随着数据提取技术的发展，T·普赖斯等（T. Preis et al.）（2013）和周等（Zhou et al.）（2018）在他们的研究中，指数（趋势）关键词的提取数量、提取跨度得到了极大增加，为研究更长周期，更多关键词与金融市场相关关系提供了更为丰富、更为翔实的样本。

（3）在关键词的选择上。从研究目的出发，有的文章选取单个关键词（方壮志 等，2016；陈声利 等，2018），多数文章选择个股简称或股票代码作为关键词。识别搜索引擎用户的搜索行为，将其认定为对金融市场的关注是此领域研究的重点。如果研究目标是个股，当互联网使用者的搜索内容为"伊利""蒙牛"或者"Apple"，他们对这些"关键词"进行网上购买（或获取服务）的可能性大于搜集这些公司金融市场资讯的可能。当公司名称有多重含义时，这种情况就会更常见，例如"白云机场""工商银行""南方航空""Amazon""Microsoft"等等。同时，不同的投资者使用搜索引擎对同一公司进行搜索时，可能会使用不同的关键词，使用百度进行搜索时，例如"贵州茅台"可能搜索为"茅台""600519"；使用谷歌进行搜索时，例如"American Airlines（美国航空）"可能搜索为"AAR Corp""AAR""AA"或"American Airlines"。汉语的固有属性使得其信息密度高于所有字母语言①，因此在选择汉语缩写进行搜索时词语搭配或同义表达是少于字母语言，这也是使用谷歌趋势获取关键词数据时存在的主要问题。在 T. 普赖斯等（2013）的研究中，选择了98个关键词对宏观经济系统进行刻画，其中包含了大量在汉语词义中重复的关键词，例如中里的负债"debt"与"leverage"、中文里的膨胀"bubble"与"inflation"等等。由于上市公司的股票报价单（ticker）或代码是唯一确定的，当互联网使用者在谷歌搜索"BABA（阿里巴巴）"或在百度搜索"600519"时，显然其搜索者的目的主要是在于获取相应公司的财务或股票行情信息。对个股进行研究时，选取相应股票报价单简称或股票代码作为指数（趋势）的关键词，以此作为度量市场参与者关注度的代理变量是具有科学性的。

（4）在研究对象选择上。研究的主流是使用搜索指数（趋势）的月、周、日数据对相应个股、指数的收益、波动进行研究。陈声利等（2018）使用百度指数作为新的环境变量，加入 HAR 模型，探索了研究股指期货的运行规律。姜文杰等（2016）使用百度指数月度数据，预测我国大中城市新建住宅价格

---

① PELLEGRINO F, COUPÉ, CHRISTOPHE, MARSICO E. Across‐Language Perspective on Speech Information Rate [J]. Language, 2011, 87（3）：539-558.

指数；方壮志等（2016）基于"碳交易"词条的百度指数，解释湖北碳交易市场收益波动；沈等（Shen et al.）（2016）① 使用交易日和非交易日的百度财经新闻，预测个股收益的波动性；张兴祥和洪永淼（2017）使用百度指数与谷歌趋势，分别考察"中国梦"与"美国梦"的关注度，通过格兰杰因果检验，发现中国网民与英文语境下互联网使用者对二者搜索顺序的关系，探索如何讲好中国故事的新角度。可以发现，百度指数与谷歌趋势的应用越来越广泛，在不同领域的研究中都发挥了重要的作用。

（5）在研究方法选择上。多数文章都采用传统的统计方法，周等（Zhou et al.）（2018）采用长短记忆神经网络（Long Short-Term Memory neural network），对选取的28个描述金融市场的关键词搜索量正则化后，对沪深300指数波动率进行了预测，预测效果优于传统的GARCH模型。此外，在表2-1对金融市场波动预测使用的模型中，预测精度最差的也为GARCH模型，因此，在本书第5章实证部分，将选取GARCH模型以及SVM模型作为算法比较中的基准模型。

综合已有的研究结果，我们可以发现，对个股而言，使用百度指数或谷歌趋势的搜索量作为代理变量，能够对股票未来波动方向进行有效预测，局限于百度指数获取难度，国内应用百度指数的研究时间跨度较短，方法上也较常规。达等（Da et al.）（2011）的"In Search of Attention"是此角度后续研究的开端，其提出的搜索指数（Search Volume Index）的思想被推广应用于社会科学的多个领域。

2.3　本章小结

本章主要对两方面的文献进行了回顾：首先，对预测金融市场波动性，如衍生品定价、投资组合风险管理和套期保值策略等文章进行了模型比较，从传统的GARCH算法，到SVM模型、神经网络算法，再到ISOMAP算法等都得到了广泛的应用和性能的比较。其中，SVM模型、神经网络算法的预测精度优于传统的GARCH算法。然后，对使用百度指数和谷歌趋势作为代理变量研究

①　SHEN D, ZHANG W, XIONG X, et al. Trading and non-trading period Internet information flow and intraday return volatility [J]. Physica A Statistical Mechanics & Its Applications, 2016, 451：519-524.

金融市场波动的文章，从指数（趋势）的时间跨度选取、指数（趋势）的关键词选取、研究模型及方法等角度进行了比较分析。"大数据"的蓬勃发展，正在为科学家们提供解决我们所处复杂世界的基本问题的重要机会。如何更好地利用伴随互联网发展而产生的体量巨大的数据，日益成为科研人员关注的热点问题。

通过对两类文献的回顾，我们可以看到，随着人工智能的发展，在金融市场波动率预测模型的构建、选择方面，存在着预测效果更优、性能更好的模型。此外，在使用百度指数分析中国金融市场波动方面，已有的研究重点大多放在个股，指数跨度多为一年到两年，使用宏观经济相关的关键词，对沪深大盘指数波动性的研究还未大量出现。

3 理论及方法介绍

本章将对所涉及的相关理论和方法进行理论综述，包括传统金融数据分析方法、波动率理论、流形理论以及流形学习算法等。结合第 2 章中关于 ISOMAP 算法应用的回顾与本章中对 ISOMAP 算法原理的介绍，以及第 5 章中将 ISOMAP 算法加入混合模型展示的算法效果，均对第 6 章 ISOMAP 算法改进提供了巨大启发。为了使全书结构更完整，本书将支持向量机理论介绍放入了第 4 章中。

3.1 金融时间序列特征及分析方法

传统金融数据分析方法主要依据数理统计方法构建相应的数理统计模型对经济现象进行分析预测。其简化与抽象现实经济现象的依据主要有四个：行为关系、生产技术关系、制度关系、定义关系。金融时间序列分析着重关注的是资产价值随时间变化的理论与实践，具有高度的实证性。同时，这一特征也是金融时间序列区别于一般时间序列分析的主要表现。金融时间序列的研究内容包括：金融数据的统计分析、预测股票报酬（股利、历史报酬等）、资本资产定价、时间序列分析、金融风险管理、非线性模型（ARCH 模型、神经网络）、衍生品定价、利率期限结构等。金融时间序列的研究对象包括：第一，揭示金融数据（股票、期货、基金以及汇率等）背后的金融市场变动规律；第二，针对金融时间序列独特的统计特征，构建不同适用场景的金融时间序列模型；第三，刻画金融市场的波动性；第四，金融衍生品定价。金融时间序列具有以下特征[1][2]：

---

① MANERA M. The Econometric Modelling of Financial Time Series [M], The econometric modelling of financial time series. Cambridge University Press, 1999: 339-355.

② TOLVI J. Analysis of Financial Time Series by R. S. Tsay [J]. Journal of the Royal Statistical Society, 2003, 52 (1): 128-129.

（1）具有明显的高噪声特性。由于影响金融市场的因素较多，例如经济波动、政治变迁、环境气候、社会变革、群体心理等，这些因素的共同作用导致了金融市场的复杂性和高噪声特性。数据集信噪比过低不仅会掩盖其规律性特征，降低数据的可靠性和显著性，还会在研究中得到伪规律性的结论，误导金融时间序列的预测分析。

（2）明显的非平稳特性。为了简化时间序列的分析过程并利用其较好的数字特征，一般将平稳性作为建模的基础。随机过程平稳性一般指宽平稳随机过程，对任意的整数时间 t 或者时间区间 Δt，平稳过程的统计特性不变，即期望值（一阶矩）为常数，协方差（二阶矩）不变。但金融市场受到诸如经济波动、政治变迁、环境气候、社会变革、群体心理等随时间变化因素的影响，很难满足随机过程平稳性的一般条件，因此非平稳性也是金融时间序列的一大特点。

（3）潜在的周期特征。金融时间序列是人们参与金融市场产生结果的直观表现，且人们的认识和行为又具有潜在的周期性。因此无论是否显然可见，金融时间序列中一定存在着周期性，并深刻影响金融时间序列的分析与预测。

整体而言，一般时间序列分析是从数理统计的原理出发，探索时间序列内部结构与时间序列间的关系。在金融时间序列建立模型的过程中，考察以下四个要素：趋势变动、循环波动、季节变动和不规则波动[①]。在对这四个建模要素的模型分析时，一般有线性和非线性时间序列的划分，具有代表性的经典的预测分析方法如下[②③④⑤⑥⑦]：

① 贾素玲，陈当阳. 中短期时间序列的经济预测模型 [J]. 北京航空航天大学学报（社会科学版），2007，20（4）：9-11.

② HAMILTON J D, SUSMEL R. Autoregressive conditional heteroskedasticity and changes in regime [J]. Journal of Econometrics, 1994, 64（1-2）：307-333.

③ PLISKA S. Introduction to Mathematical Finance：Discrete-Time Models [J]. All Publications, 1997, 14（4071）：625.

④ TONG H. Non-linear time series：a dynamical system approach, Howell Tong [M]. OAI, 1990.

⑤ CASDAGLI M. Nonlinear Prediction of Chaotic Time Series [J]. Physica D Nonlinear Phenomena, 1989, 35（3）：335-356.

⑥ AZOFF E M. Neural Network Time Series Forecasting of Financial Markets [M]. 1994.

⑦ LIAN W, TALMON R, ZAVERI H, et al. Multivariate time-series analysis and diffusion maps [J]. Signal Processing, 2015, 116：13-28.

（1）移动平均法（moving average method）。移动平均法是根据时间序列资料，逐项推移，依次计算包含二定项数的序时平均数，以反映长期趋势。移动平均法包括简单算术平均、加权移动平均法等。此方法除了要求大量的历史数据外，预测值无法精确预测未来波动方向也是其主要缺陷。

（2）季节系数法。季节系数法的应用场景是指观测到的时间序列数据除了受线性趋势影响外，还呈现出季节变动导致统计特征的规则性变化。建立预测模型后先建立预测模型，求得时间序列各期预测趋势值，然后用观测值除以趋势值得到季节系数。

（3）指数平滑法。指数平滑法是移动平均法的一个分类，对给定时间序列的观测值以不同权重，一般近期观测值权重大于远期观测值权重。虽然根据平滑次数可以分为一次、二次、多次平滑等，但其基本思想均是近期观测数据权重大于远期观测数据权重，其中霍尔特-温特斯（Holt-Wintes）线性趋势平滑模型最具代表性。指数平滑法对短期时间序列预测精度不佳，但由于其对观测数据非等权处理符合实际场景，且参数唯一即权重 α，因此，在时间序列处理中敏捷度较高。

（4）分解预测法。时间序列分解预测法将影响时间序列的因素抽象为长期因素、周期变动、季节变动、不规则变动四个因素，目的是为了单独刻画某一确定性因素对时间序列的影响，并推断确定性因素之间的相互影响以及对时间序列的综合影响。分解预测法必须配合使用预测精度才显著。

（5）博克斯-詹金斯（Box-Jenkins）预测方法。博克斯-詹金斯（Box-Jenkins）模型又称为自回归积分滑动平均模型（ARIMA），由博克斯和詹金斯在 20 世纪 70 年代提出，该方法假设时间序列数据为随机数据，要求数据通过模型识别规则选择适合的模型，并有统计学意义。标准化建模方法以及完备的统计学理论基础，使得 ARIMA 模型在短期时间序列预测中应用广泛。

（6）ARCH 族模型预测方法。自回归条件异方差（ARCH）模型建模对象为金融时间序列中的波动率，回避了线性回归模型中关于独立同方差的假设，更加准确地刻画了金融市场中的风险。ARCH 模型描述了金融时间序列波动的群集效应（大波动群集与小波动群集各自聚集），应用于检验市场的有效性和预测市场拐点时效果明显。从 ARCH 模型出发，随后又由博勒斯列夫（Bollerslev）（1986）提出了 GARCH 模型（实质是无限阶的 ARCH 模型且变量更少），丁和格兰杰（Ding，Granger）（1996）提出的长记忆 GARCH 模型（LM-

GARCH）更加丰富了 ARCH 族模型的理论和实践。

（7）混沌时间序列预测方法。李天岩（LI T Y）和约克（J. A. Yorke）在20 世纪 70 年代首先给出了混沌的数学定义，即李-约克（Li-Yorke）定义。混沌理论探索的是无序、不规则、不连续、非周期性的现象，即在非线性确定性系统中，由于系统内部非线性的相互作用而产生的非周期的行为（内在随机性），且初始条件极大地决定且影响系统的后续行为。李-约克定义给出了混沌时间序列的判定方法，即系统是否有界，混沌吸引子在系统中的行为，再使用李亚普诺夫指数、关联维数等方法进行识别系统性质。

（8）神经网络预测算法。对神经网络（Neural Network）的研究始于 20 世纪 40 年代，结合了生理学和算法技术，经过接近 80 年的发展，随着计算机硬件性能和计算能力的不断提升，成为目前非常热门的研究领域。目前，在时间序列预测领域应用较多的方法是循环神经网络（Recurrent Neural Network），以及在下文中将会详细介绍的长短期记忆算法（Long Short-Term Memory）。神经网络在时间序列预测中，通过设置输入层、隐藏层、输出层对数据集进行训练，求出数值权重，以求得被解释变量的近似解。神经网络方法的系统稳健性较强，容错性高。

通过对金融时间序列研究方法的大致回顾，我们可以清晰地看到，传统金融数据的处理原理更多地依赖完备的统计学方法建立数理统计模型进行预测，其建模与数据分析的基础是拟合线性或要求序列平稳性。新兴的机器学习方法基于抽象人脑处理非线性问题的特点，但容易陷入局部最优、过拟合等问题。简单地说，在处理时间序列的传统方法和机器学习方法中，要么要求数据质量和性质较好，要么用数据处理技术或工具去适应数据的属性。在现实的生产生活中，以金融时间序列数据为例，可观测到的一维金融时间序列数据集（股价、金融市场波动等）由高维观测数据集决定，但观测集内蕴着低维的几何结构影响驱动着一维金融时间序列数据集。提取高维观测集中包含的低维、概括最多信息的数据也是本书的主要工作。

3.2　波动率理论

波动率（volatility）是对资产价格不确定性的描述，且在金融市场中起到至关重要的作用，如衍生品定价①、投资组合风险管理②和套期保值策略③等。金融数学在当今的研究领域中一直很热门的原因之一可以用一个词解释，即期权定价。布莱克－斯科尔斯－默顿（Black－Scholes－Merton）期权定价模型④，是参照标准期权估价的市场惯例，且可以被引入一个明确的公式来确定欧式期权的价格。尽管 B-S-M 模型在当时看来非常具有创新性且简洁优雅，然而由于模型的简单性（假设简单，近似解等）导致其并不能总是正确地表现市场真实情况。期权定价模型的假设认为收益序列的波动率是不变的，但越来越多的研究表明波动率并非恒定不变。下面，对不同资产波动率间的共性进行简要介绍：

3.2.1 波动聚类

波动聚类，最早由曼德尔布罗特（Mandelbrot）（1963）提出，简单而言，即较大（较小）的波动率后随之而来的是较大（较小）的波动率。在外汇市场、股票市场及衍生品市场，此现象广泛存在。令 r_t 为收益率，r_t 本身是不相关的，但 $|r_t|$（收益率绝对值）存在显著的正自相关关系，这种相关关系为正且缓慢减弱：$corr(|r_t|, |r_{t+\tau}|) > 0$，$\tau$ 可以为分钟、日、周等。这一发现引致 ARCH 族模型和 GARCH 族模型的产生和发展。已实现的资产价格及波动率序列会对将来产生影响，这一观点作为 ARCH 族模型的基本思想，反映了波动聚类的特性。

3.2.2 均值回复

令波动率均值为 δ，则波动率会在 δ 附近波动，当波动率偏离 δ 时，其会向均值方向回复，对均值 δ 的偏离不可能长期持续。相较于波动率聚类理论，波动率均值回复性与其似乎有矛盾之处，但波动率聚类与波动率均值回复性分别描述的是波动率的短、长期效应。

---

① FRANCIS A. Longstaff, Eduardo S. Schwartz. Valuing American Options by Simulation: A Simple Least-Squares Approach [J]. Review of Financial Studies, 2001, 14（1）: 113-147.

② ESCOBAR M, FERRANDO S, RUBTSOV A. Optimal investment under multi-factor stochastic volatility [J]. Quantitative Finance, 2017, 17: 1-20.

③ BAYRAKTAR E, MILLER C W. Distribution-constrained optimal stopping [J]. Mathematical Finance, 2019（1）: 368-406.

④ FISCHER BLACK, MYRON SCHOLES. The Pricing of Options and Corporate Liabilities [J]. Journal of Political Economy, 1973, 81（3）: 637-654.

3.2.3　长期记忆效应及锚定效应（Anchoring Effect）

波动率的长期记忆效应是指，由于长期自相关性的存在，使用往期波动率可以对将来的波动率进行预测，且波动率的自相关系数缓慢减小。锚定效应是指在对事情进行决策时，某些信息会支配人们的判断。

3.2.4　杠杆效应

波动率的杠杆效应，简单而言，如果冲击为负向的，则对波动率的影响程度大于冲击为正向时的影响程度。此种资产价格非对称的波动效应，可以用行为经济学中的损失规避效应（Loss Aversion）来解释，即大多数人对获得的敏感程度不对称，面对损失时的痛苦感要大于获得时的幸福感。在实践中，通过加入虚拟变量量化正向和负向的冲击，对条件方差方程进行分阶段阈值处理（TGARCH 模型中一般如此应用）。

当前对波动率进行预测的方法，主要有三个：第一是历史波动率预测模型（基于低频数据）；第二是隐含波动率预测模型（基于期权数据）；第三是已实现波动率预测模型（基于高频数据）①。在完成了对波动率的估计后，预测波动率便变得可行，建模思想有以下三个方面：第一，数据对象为低频历史数据时，可采用 GARCH 模型和随机波动（Stochastic Volatility）模型；第二，数据对象为高频已实现波动率时，可选取自回归移动平均和异质自回归模型；第三，结合了历史波动率、已实现波动率的模型。

3.3　流形理论及流形学习算法

科学家们工作中面对的数据，如全球气候模式、恒星光谱、人类基因分布以及金融数据，通常是高维的。如何寻找蕴含在高维数据中的有意义的低维结构是降维问题的核心所在。经典的降维技术，例如主成分分析法（principal component analysis）、多维尺度分析（multidimensional scaling），可以保证在高

---

① 陈卫华，徐国祥. 基于深度学习和股票论坛数据的股市波动率预测精度研究［J］. 管理世界，2018（1）：180-181.

维输入空间的线性子空间上或附近的数据的真实结构[①]。PCA 发现数据点的低维嵌入，它们在高维输入空间中保持最佳方差；经典 MDS 方法找到一个嵌入点间距离，与 PCA 类似，这个距离是欧式距离。然而，当数据集包含非线性结构时，PCA 和 MDS 是无效的[②③④]。为了找到高维空间的本质结构，科学家们诉诸于流形（manifold）。流形的概念，最早由德国数学家黎曼提出，陈省身对流形的发展也做出了巨大贡献。"天地有正气，杂然赋流形"，从直观上可以对流形的内涵有初步的认识。流形是局部具有欧式空间性质的空间，即欧式空间是流形的简单实例。美国数学家惠特尼（Whitney，1935）认为，当欧式空间 R^N 的维数 N 足够大时，则任何光滑流形 M 都可以看作 R^N 的一个嵌入子流形，即为流行嵌入定理。此定理证明了降维的可行性，也是关于流形学习领域的基本假设。

在 2000 年《科学》（Science）杂志上，三篇关于流形学习（Manifold Learning）的文章标志着近代流形学习理论及一系列算法革新应用的开端。Seung 和 Lee 在其论文"感知的流形形式"（The Manifold Ways of Perception）中指出，人类大脑认知的基础是流形，大脑神经元将高维对象储存、编码在了低维流形上[⑤]。特南鲍姆等（Tenenbaum et al.，2000）提出了 ISOMAP 算法，该算法不同于 PCA 和 MDS，可以发现隐藏在复杂的自然观察数据的非线性自由度，如人类笔迹或不同观看条件下的人脸图片，同时，也对人类大脑如何表现动态物体外观给出了新的理解角度[⑥]。罗维斯和索尔（Roweis and Saul，2000）

① J. SáNCHEZ. MARDIA, K. V. J. T. KENT, J. M. Multivariate Analysis [J]. Biometrical Journal, 2010, 24 (5)：502-512.

② ZHANG Z, XING F, WANG H, et al. Revisiting Graph Construction for Fast Image Segmentation [J]. Pattern Recognition, 2018, 78：344-357.

③ BAILER-JONES C A L, IRWIN M, HIPPEL T V. Automated classification of stellar spectra — II. Two-dimensional classification with neural networks and principal components analysis [J]. Monthly Notices of the Royal Astronomical Society, 2010, 298 (2)：361-377.

④ HO C C, MACDORMAN K F, PRAMONO Z A D D. Human emotion and the uncanny valley：a GLM, MDS, and Isomap analysis of robot video ratings [C]. ACM/IEEE International Conference on Human-Robot Interaction. IEEE, 2012：169-176.

⑤ SEUNG H S, LEE D D. Cognition. The manifold ways of perception [J]. Science, 2000, 290 (5500)：2268-2269.

⑥ TENENBAUM J B, SILVA V D, LANGFORD J C. A Global Geometric Framework for Nonlinear Dimensionality Reduction [J]. Science, 2000, 290 (5500)：2319-2323.

在同期 *Science* 上提出了一种无监督学习的局部嵌入算法（Locally Linear Embedding），不同于局部降维的聚类方法，它在不涉及局部最小的前提下，将高维输入映射到一个低维全局坐标系。与 ISOMAP 算法不同的是，LLE 算法分析了局部对称性、线性系数和重构误差，而不是全局约束、成对距离和应力函数，因而避免了解决大计算量动态规划问题[①]。

3.3.1 流形学习的数学定义

下面给出关于流形和流形学习的一些基本理论和概念[②]：

（1）拓扑

假设 X 是非空集合，τ 是 X 的一个子集族，当 τ 满足下列条件时：X，$\varnothing \notin \tau$；若 A，$B \in \tau$，则 $A \cap B \in \tau$；若 $\tau_1 \subset \tau$，则 $\cup_{A \in \tau_1} A \in \tau$。则称 τ 是 X 的一个拓扑。

（2）拓扑空间

如果 τ 是集合 X 的一个拓扑，则称偶对 (X, τ) 是拓扑空间。

（3）同胚

当两个拓扑空间 (X, τ_X)，(Y, τ_Y) 之间的函数 $f: X \to Y$，满足 f 连续，双射且为开映射，则称 f 同胚。

（4）Hasudoff 空间

有拓扑空间 (X, τ)，若集合 X 中存在任意两个不同点，且任意不同点均各有一个互不相交的开领域（即对 $\forall x$，$\forall y \in X$，$x \neq y$，点 x，点 y 的开邻域分别为 U，V，$U \cap V = \varnothing$），那么 (X, τ) 则被称为 Hasudoff 空间。

（5）拓扑流形

存在 Hasudoff 空间 M，对 M 中任意点都存在开邻域 $U \subset M$，使得 U 同胚于 N 维欧式空间 R^N 的一个开子集，此时可称 M 为 N 维拓扑流形或 N 维流形。

（6）坐标卡

若 $\sigma(U)$ 为 R^N 中的开集，依照拓扑流形中同胚的定义 $\sigma: U \to \sigma(U) \subset R^N$，则 (U, σ) 即是流形 M 的坐标卡，点 $\sigma(p)$ 在 R^N 中的坐标称为点 p 在流形 M 上的坐标。

① ROWEIS S T, SAUL L K. Nonlinear Dimensionality Reduction by Locally Linear Embedding [J]. Science, 2000, 290 (5500)：2323-2326.

② 陈维恒. 微分流形初步 [M]. 北京：高等教育出版社，2001：99.

（7）C^r 相关

若 M 是 N 维拓扑流形，假设（U_1，σ_1）和（U_2，σ_2）是其中的坐标卡，当 $U_1 \cap U_2 \neq \Phi$ 时，$\sigma_2{}^{\circ}\sigma_1{}^{-1}$ 和 $\sigma_1{}^{\circ}\sigma_2{}^{-1}$ 均为 N 阶可微的，此时称（U_1，σ_1）和（U_2，σ_2）为 C^r 相关。

（8）微分结构

若 M 是 N 维拓扑流形，假设 $\Lambda = \{(U_\alpha，\sigma_\alpha)：\alpha \in I\}$ 是流形 M 坐标卡的集合，且满足以下几个条件：

$\{U_\alpha：\alpha \in I\}$ 是为 M 的开覆盖；

对 Λ 中的任意两个坐标卡，均为 C^r 相关；

若（U，σ）为 M 的一个坐标卡，且其与 Λ 中的任意坐标卡均为 C^r 相关，则（U，σ）属于 Λ，即 Λ 为 C^r 极大的。

（9）光滑映射

令 M 和 V 分别为 N_1 维和 N_2 维的光滑流形，f：$M \rightarrow V$ 为连续单射。假设 $x \in M$，（U，σ）和（V，ψ）分别为 M 在 x 处的容许坐标卡及 V 在 $f(x)$ 处的容许坐标卡，使得 $\psi^{\circ}f^{\circ}\sigma^{-1}$：$\sigma(U \cap f^{-1}(V))(\subset \mathbb{R}^{N_1}) \rightarrow \psi(V)(\subset \mathbb{R}^{N_2})$ 是在点 $\sigma(x)$ 光滑映射，此即为 f 在点 x 处光滑的定义。当 f 在 M 上出处光滑时，则定义 f 为光滑映射。

（10）切向量

$x \in M$，令 M 为 N 维光滑拓扑流形，当满足以下条件时，可定义在点 x 处切向量 v：

$$\forall f，g \in C_x^\infty，\text{有} v(f+g) = v(f) + v(g) \tag{3-1}$$

$$\forall f \in C_x^\infty，\forall \lambda \in \mathbb{R}，\text{有} v(\lambda f) = \lambda \cdot v(f) \tag{3-2}$$

$$\forall f，g \in C_x^\infty，\text{有} v(f \cdot g) = f(x) \cdot v(g) + g(x)v(f) \tag{3-3}$$

条件（3-1）、（3-2）表明 v 是从 C_x^∞ 到 $\mathbb{R}$ 的线性映射，条件（3-3）为 Leibniz 法则。

（11）切空间

假设 M 为 N 维光滑流形，$x_0 \in M$，令 $T_{x_0}M$ 表示 x_0 处所有切向量集合，那么在 $T_{x_0}M$ 中存在线性结构，可使 $T_{x_0}M$ 为 N 维向量空间，则称 $T_{x_0}M$ 为光滑流形 M 在点 x_0 处的切空间。

（12）黎曼流形

假设 M 为 N 维光滑流形，其任意切空间 $T_{x_0}M$ 均定义了内积，此时称 M 为黎曼流形。

（13）流形学习（Manifold Learning）

流形学习问题的本质，可以看成是转化高维观测数据集的转换生成模型。假设 Y 是包含在欧式空间 R^d 中的 d 维流形，当 $D > d$ 时，假设 $f: Y \to R^D$ 为光滑嵌入。流形学习的主要任务是找到 Y 和基于 $\{x_i\} \subset R^D$ 的映射 f。简单地说，为隐藏数据集 $\{y_i\}$ 在 Y 中随机生成，随后通过映射 f 变成观测数据集，使得 $\{x_i = f(y_i)\}$ [1]。

3.3.2　ISOMAP 等流形学习算法理论

在本章的开篇及绪论部分，已经对流形学习的一些理论做了初步的介绍。在本节，会对流形学习几个具有代表性的算法做详细的介绍。表 3-1 是对流形学习几种方法的概览[2]：

表 3-1　流形学习方法介绍

分类	几何特性	代表方法	参考文献
全局特性保持	保持所有数据点间测地距离不变	等距特征映射算法 Isometric Feature Mapping（ISOMAP）	Tenenbaum et al. 2000 Zhang et al. 2017[3]
	保持局部临近点欧式距离及角度不变，距离较远的点展开后尽可能远	最大差异展开算法 Maximum Variance Unfolding（MVU）	Weinberger et al. 2004[4] Hou et al. 2008[5]

① SILVA V D, TENENBAUM J B. Global versus local methods in nonlinear dimensionality reduction ［C］. International Conference on Neural Information Processing Systems. MIT Press, 2002：721-728.

② 古楠楠，等. 流形学习若干关键问题与算法研究 ［M］. 北京：首都经济贸易大学出版社, 2015：137.

③ ZHANG Y, ZHANG Z, QIN J, et al. Semi-Supervised Local Multi-Manifold Isomap by Linear Embedding for Feature Extraction ［J］. Pattern Recognition, 2018（76）：662-678.

④ WEINBERGER K Q, SHA F, SAUL L K. Learning a kernel matrix for nonlinear dimensionality reduction ［C］. International Conference on Machine Learning. ACM, 2004：106.

⑤ HOU C, JIAO Y, WU Y, et al. Relaxed maximum-variance unfolding ［J］. Optical Engineering, 2008, 47（7）：077202.

表3-1(续)

分类	几何特性	代表方法	参考文献
局部特性保持	保持局部近邻重构权值不变	局部线性嵌入算法 Locally Linear Embedding （LLE）	Roweis and Saul, 2000 Saul and Roweis, 2003[1]
	高维数据集中近邻点映射到低维时仍为近邻点	Laplacian 特征映射算法 Laplacian Eigenmaps （LE）	Belkin et al. 2014[2]
	保持局部径向测地距离不变	黎曼流形学习算法 Riemannian Manifold Learning （RML）	Lin and Zha, 2008[3]
	逼近高维样本点的局部切空间	Hessian 特征映射算法 Hessian – based Locally Linear Embedding （HLLE）	Donoho and Grimes, 2003[4]

下文选取几个有代表性的算法做简要的介绍。

3.3.2.1 等距特征映射（ISOMAP）

（1）算法思想

传统降维 PCA 及 MDS 算法的主要特性是计算效率、全局最优以及渐近收敛保证，这就在根本上决定了它们可以灵活地学习广义非线性流形。当在本征流形上使用测地距离或最短路径距离测量互相远离的点，可能使用直线欧式距离会导致高维流形上距离非常近。只有测地距离反映了流形的真实低维几何结构，因此，PCA 和 MDS 算法只能有效地看到欧式结构而不能得到内在的两维性。等距映射（ISOMAP）算法，已在前文中多次提到，在此处回顾 Tenenbaum et al.（2000）在 *Science* 上所发表的文章作为算法介绍。他们的方法，虽然是

---

① SAUL L K, ROWEIS S T. Think Globally, Fit Locally：Unsupervised Learning of Nonlinear Manifolds ［J］. J Machine Learning Research, 2003, 4 （2）：119-155.

② BELKIN, MIKHAIL, NIYOGI, et al. Laplacian Eigenmaps for dimensionality reduction and data representation ［J］. Neural Computation, 2014, 15 （6）：1373-1396.

③ LIN T, ZHA H. Riemannian manifold learning ［J］. IEEE Transactions on Pattern Analysis & Machine Intelligence, 2008, 30 （5）：796-809.

④ DONOHO D L, GRIMES C. Hessian eigenmaps：Locally linear embedding techniques for high-dimensional data ［J］. Proceedings of the National Academy of Sciences of the United States of America, 2003, 100 （10）：5591-5596.

建立在经典 MDS 算法上，但是为了保持降维后的低维流形的内蕴几何结构，使用高维数据样本点对之间的测地距离矩阵来替代传统 MDS 方法中的欧氏距离矩阵。算法的核心在于仅给出输入空间距离的条件下，估计非临近点（faraway points）间的测地距离。对于临近点，输入空间距离可以较好地近似测地距离；对于非临近点，测地距离可以通过对临近点之间加上"短跳（short hops）"序列后，对最短距离的"短跳"求和得到。

（2）算法实现

①近邻域 G 构建。先基于输入空间 X，定义点对 i、j 之间的距离为 $d_X(i, j)$，确定流形 M 上哪些点是临近点。可以采用两个方法确定临近点，连接 i 点与固定半径 ε 内所有点或 κ 近领域内所有点，即 $d_X(i, j) < \varepsilon$（ε - ISOMAP），或 i 的近邻域为 j（κ - ISOMAP）。对数据点使用加权的近邻图 G 代表近邻关系，边的权重为 $d_X(i, j)$。

②最短路径计算。在这一步中，ISOMAP 对位于流形 M 上的所有样本点对，通过计算近邻域 G 图的最短路径 $d_G(i, j)$，以估计测地距离 $d_M(i, j)$。即当点对 i、j 有边连接时，初始设置 $d_G(i, j) = d_X(i, j)$；否则为 $d_G(i, j) = \infty$。依次对每一个 $k = 1, 2, \cdots, N$，使用 $min\{d_G(i, j), d_G(i, k) + d_G(k, j)\}$，取代所有 $d_G(i, j)$。最终得到的矩阵 $D_G = \{d_G(i, j)\}$，包含了在 G 中所有样本点对的最短路径。

③构造 d 维嵌入。在这一步中，使用在步骤②中得到的最短路径矩阵 $D_G = \{d_G(i, j)\}$，来代替经典 MDS 算法中的矩阵，以此构建一个保持流形最好固有几何结构的 d 维欧式空间坐标 Y。对坐标向量 $y_i \in Y$，最小化损失方程如下：

$$E = \| \tau(D_G) - \tau(D_Y) \|_{L^2} \tag{3-4}$$

其中，D_Y 表示低维嵌入坐标的欧氏距离矩阵 $\{d_Y(i, j) = \| y_i - y_j \|\}$，$L^2$ 和 $\| A \|_{L^2}$ 为矩阵范数 $\sqrt{\Sigma_{i, j} A_{ij}^2}$。其中算子 τ，以支持有效优化的形式唯一表征了数据的几何结构，将距离转化为了内积。式（3-4），通过将系数 y_i 设置得与矩阵 $\tau(D_G)$ 的前 d 大的特征向量一一对应，以达到全局最小。数学的方式表达为：令 λ_p 为矩阵 $\tau(D_G)$ 降序排列的第 p 个特征值，v_p^i 为第 p 个特征向量的第 i 个分量。然后令 d 维坐标向量 y_i 的第 p 个分量等于 $\sqrt{\lambda_p} v_p^i$，此时式（3-4）达到全局最小。

（3）算法述评

ISOMAP 算法的目的是要找到高维样本数据的全局非线性关系，以使高维样本所在流形的测地距离能够用低维嵌入较好反映。ISOMAP 算法的关键是获得理想的嵌入结果，但其获得理想适用效果的条件非常强：高维样本数据所在的低维流形与欧式空间的一个子集之间存在等距映射①，且欧式空间子集为凸集。当与流行等距的欧式空间的子集非凸时，估计流形的测地距离会有较明显的误差，导致嵌入效果不佳。

ISOMAP 算法能够发现光滑流形上的潜在参数空间，但在 Cylinder 数据集的实验中②，失败的原因在于混淆了流形维数和嵌入空间维数，使用了未能覆盖其全局性质的流形维数。当高维数据空间存在环状流形时，则流形维数不能大于嵌入空间维数。κ 近领域的选择，是 ISOMAP 算法的关键，该参数很大程度上决定了算法的有效性，同时也是 ISOMAP 算法拓扑不稳定性的根源③。在图像识别领域，ISOMAP 算法的运算基础——基于欧式距离的点间距离运算，导致了算法对噪声高度敏感，影响算法处理的稳定性。在过去近二十年里，对 ISOMAP 算法的探索主要集中在邻域选择、提升算法速度、提升可视效果等领域。遗憾的是由于其牵涉的数学理论基础复杂，涉及多学科的融合，改进的算法实质上依然在 Tenenbaum 等人工作的框架下完成。

3.3.2.2 最大差异展开算法（MVU）

（1）算法思想

最大差异展开算法（MVU）是由 Weinberger 和 Saul 首次提出的，其基本思想是：假设样本点中每个点都与其 k 近邻点构成近邻图，在点与点之间近邻关系不被破坏的基础上，如果存在一种映射，使得高维空间中的非近邻点之间的欧式距离映射到低维空间后距离最大，那么，这种映射关系即可实现样本点在低维空间的嵌入。可以使用二次规划表达上述思想：

$$\max \sum_{ij} \| x_i - x_j \|^2$$

$$s.t. \quad \| x_i - x_j \|^2 = \| y_i - y_j \|^2，\text{其中} y_i \text{、} y_j \text{为} k \text{近邻点} \qquad (3\text{-}5)$$

$$\sum_i x_i = 0$$

由于式（3-5）不能求解，借由 Weinberger 的工作，引入了内积矩阵 K，

---

① GRIMES C, DONOHO D L. When does isomap recover the natural parametrization of families of articulated images? [J]. Technical Report 2002-27, Department of Statistics, Stanford University, 2002.

② 赵连伟，罗四维，赵艳敞，等. 高维数据流形的低维嵌入及嵌入维数研究 [J]. 软件学报，2005，16（8）：1423-1430.

③ BALASUBRAMANIAN M, SCHWARTZ E L. The isomap algorithm and topological stability [J]. Science, 2002, 295 (5552): 7.

其中 $K_{ij} = x_i \cdot x_j = x_i^T x_j$，此时，上述优化问题成为了半定规划问题（Semi-definite Programming）：

$$\max tr(K)$$
$$s.t. \quad K_{ii} - 2K_{ij} + K_{jj} = \| y_i - y_j \|^2, \quad \text{其中 } y_i \text{、} y_j \text{ 为 } k \text{ 近邻点} \quad (3\text{-}6)$$
$$\sum_{ij} K_{ij} = 0$$
$$K \geqslant 0$$

上式三个约束条件中，前两个是线性的，第三个为非线性的，同时半正定矩阵的集合为凸，因此，本质上式（3-6）不受局部极值影响，是半定规划凸优化问题。由半定规划（SDP）学习一个 Gram 内积矩阵是 MVU 算法的关键，再计算 Gram 矩阵最大的 d 个特征值对应的特征向量，进而得到低维嵌入表示。

（2）算法实现

①近邻图构建。任意样本点 x_i 都与其 k 近邻点连接，且所有存在近邻关系的样本点都互相连接，若样本点为稠密采样，近邻图依次构建会相对忠实地保留样本点的流形结构。

②基于半正定规划的 Gram 矩阵。在目标函数满足以下三个约束条件：保持近邻图中所有边的欧氏距离，低维坐标中心化和内积矩阵 K 半正定——通过半定规划，输出 Gram 矩阵时满足 Gram 矩阵的迹最大。

③谱分解。使用 MDS 方法对 Gram 矩阵进行映射，得到样本点在低维空间的嵌入结果。

（3）算法述评

MVU 算法处理高维数据的原则是近邻点之间的角度以及距离保持降维前后不变，同时满足高维空间中距离较远的点在降维后尽可能远。由于 MVU 算法没有计算高维数据之间的测地距离，尽管作为一种全局特性保持算法，该算法面对非凸数据集时的降维效果依然是理想的。

同时，该算法的主要不足有：①时间复杂度高。对半定规划求解时所要求的时间复杂度是样本个数的三次方，为 $O(k^3 n^3)$；对 Gram 矩阵进行广义特征值分解的计算复杂度为 $O(n^3)$，则总的算法时间复杂度近似为 $O(n^3 + k^3 n^3)$。当面对规模较大数据集合时，MVU 算法的高时间复杂度导致其很难得到广泛应用。②算法对噪声较为敏感。因为在求解 Gram 矩阵时局部等距约束的严格性，造成该算法面对噪声较大数据时难以得到良好的低维嵌入结果。

3.3.2.3 局部线性嵌入算法（LLE）

（1）算法思想

不同于 ISOMAP 及 MVU 算法，局部特性保持是局部线性嵌入算法（LLE）

的主要特点。LLE 算法的基本思想是对样本集中的任意点 x_i，与其邻域点之间构造局部线性平面或近似线性平面，x_i 可借由与其近邻的点线性重构得到，同时使得重构权值 w_{ij} 满足 x_i 与近邻点的线性重构误差最小。在构建低维流形时，保持每个样本点与近邻点重构关系（o_{ij}）不变，即处于低维嵌入空间的每个样本点与其近邻点间的重构权重 o_{ij} 及高维样本空间的重构权重 w_{ij} 相同。其中，局部线性到全局的非线性的排列信息，是由各局部邻域间相互重叠的部分刻画[①]。

（2）算法实现

①近邻点选择。以欧式距离为测度，对样本集 $X = [x_1, x_2, \cdots, x_n] \in \mathbb{R}^{D \times n}$，确定任意样本 x_i 点的 k 个最近邻 $\{x_j, j \in J_i\}$，J_i 是 x_i 的 k 个近邻点的集合。

②重构权重矩阵值的计算。LLE 算法的重点在计算任意样本点 x_i 与其近邻域 $\{x_j, j \in J_i\}$ 点间的重构权重矩阵 w_{ij}，其中 $w_{ij} = 0$。当 x_i 与 x_j 为非近邻点，通过最小化最小二乘意义下的任意样本点的重构误差，得到了重构权重矩阵 w，即：

$$e(W) = \sum_{i=1}^{n} \parallel x_i - \sum_{j=1}^{n} w_{ij} x_j \parallel^2 \tag{3-7}$$

w_{ij} 是 x_j 对 x_i 的重构系数，表示重构贡献的大小。式（3-7）在样本点缩放和旋转时，可以确保 w_{ij} 不变，对任意 x_i，满足约束条件 $\sum_j w_{ij} = 1$，可以使得在样本旋转、平移和缩放时保证重构矩阵值不变。对重构权重矩阵 W 封闭解的求解，可通过拉格朗日乘子法进行求解。

③求解特征映射。为保证高维样本空间中的样本点与低维嵌入空间中点 y_i 及其近邻点的重构权重矩阵一致，LLE 算法需求下列损失函数的最小值：

$$\Phi(Y) = \sum_{i=1}^{n} \parallel y_i - \sum_{j=1}^{n} w_{ij} y_j \parallel^2 \tag{3-8}$$

在对式（3-8）增加了约束条件 $\sum_i y_i = 0$ 和 $\dfrac{1}{n} \sum_i y_i y_i^T = I$ 后，可保证 LLE 算法抵消低维嵌入坐标 Y 的旋转、平移和缩放的影响。加入了约束条件后，上式可表示为

$$\Phi(Y) = \sum_{i=1}^{n} \parallel y_i - \sum_{j=1}^{n} w_{ij} y_j \parallel^2 = \sum_{i=1}^{n} \parallel Y(I_i - W_i^T) \parallel^2 \tag{3-9}$$

①　ROWEIS S T, SAUL L K. Nonlinear Dimensionality Reduction by Locally Linear Embedding [J]. Science, 2000, 290 (5500)：2323-2326.

I_i 及 W_i^T 分别表示单位矩阵 I 和 W^T 的第 i 列，由矩阵迹的性质 $\sum_i \|a_i\|^2 = \sum_i a_i^T a_i = tr(A^T A) = \|A\|^2$，可得到

$$\Phi(Y) = \|Y(I - W^T)\|^2 = tr(YMY^T) \tag{3-10}$$

式（3-10）中 $M = (I - W)^T(I - W)$ 为 n 阶矩阵，其中 $M_{ij} = \delta_{ij} - w_{ij} - w_{ji} + \sum_k w_{ki} w_{kj}$。在满足损失函数最小的假设时，需要低维嵌入 Y 取 M 的 $d + 1$ 个最小特征值对应的特征向量 $Y = [v_1, \cdots, v_{d+1}]^T$。

（3）算法述评

LLE 算法将低维嵌入空间与高维样本空间通过重构权重矩阵联系起来，使得近邻关系即使经过旋转、缩放和平移后依然保持局部线性结构。LLE 算法在不需迭代的条件下，便可得到解析的全局最优解。LLE 算法的计算复杂度相较于 ISOMAP 及 MVU，要小得多，原因在于选择邻域、重构权重矩阵和低维嵌入 Y 的计算复杂度分别为 $O(Dn^2)$、$O(Dnk^3)$ 和 $O(dn^2)$。在计算特征映射时，如果采用的特征值分解方法可专门针对对称、稀疏矩阵时，计算复杂度可降低为 $O(n^2)$。

LLE 算法的主要缺点为：①由于距离关系没有被保持，而仅仅保持了近邻的重构权重，因而在面对等距流形时，LLE 算法不能将其有效恢复。②当样本集数据关联度较低或样本稀疏、噪声较大时，由于 LLE 算法对低维流形的采样要求均匀稠密，从高维空间中的奇异点向低维空间的映射时，会映射至局部近邻点，影响降维结果。

3.4 本章小结

本章对本书所涉及的相关理论和方法进行了理论综述，包括传统金融数据分析方法、波动率理论、流形理论以及流形学习算法。对 ISOMAP 算法原理进行了描述，为后文改进 ISOMAP 算法进行了理论准备。

4 模糊机会约束最小二乘双支持向量机(FCC-LSTSVM)模型

在本书的这一部分，通过机会约束规划和模糊隶属度，我们给出了一种全新的模糊机会约束最小二乘双支持向量机，能够有效地测量数据噪声。关注的重点是，当被研究的数据在统计学意义下分布不确定时，最小二乘双支持向量机的分类问题。该模型的作用是面对未知数据（具有一些已知的分布特征）时，降低误分类的概率。通过对不确定数据集的矩信息性质的考虑，模糊机会约束最小二乘双支持向量机模型可转化为二阶锥规划（Second-order Cone Programming，SOCP）问题。此外，数值实验也证明了模型在实际数据和人工数据中的性能。

4.1 支持向量机简介

支持向量机（Support Vector Machines，SVM）兴起于统计学习理论，被认为是最有效的分类学习方法之一[1][2][3][4]。支持向量机的主要思想是通过特定的核函数方法，将数据集映射至高维线性空间，并在高维空间中根据累计极大间

---

① CORTES C, VAPNIK V. Support-Vector Networks [J]. Machine Learning, 1995, 20 (3)：273-297.

② KLYMCHUK T. Regularizing algorithm for mixed matrix pencils [J]. Applied Mathematics & Nonlinear Sciences, 2017, 2 (1)：123-130.

③ LIN C F, WANG S D. Fuzzy support vector machines [J]. IEEE Transactions on Neural Networks, 2002, 13 (2)：464-471.

④ ZHU L, PAN Y, WANG J. Affine Transformation Based Ontology Sparse Vector Learning Algorithm [J]. Applied Mathematics & Nonlinear Sciences, 2017, 2 (1)：111-122.

隔的规则，确定最大间隔分离超平面，进而完成数据的分类问题①②。它主要面向小样本数据集分类及训练的机器学习理论，在解决高维数据模式识别领域及非线性数据领域有突出的优势，被大量应用于多个学科的模式识别与数据分析中。支持向量机的主要功能为数据分类和回归分析。

支持向量机以统计学习理论（statistical learning theory）中结构风险最小化的原则③为基础，在模型复杂度和模型学习能力之间选择出最优折中，以获得效果最佳的泛化推广。区别于传统的统计方法，大数定律等统计学理论在支持向量机方法中很少涉及。在数据分析过程中，归纳演绎这一基本步骤被支持向量机成功规避，同时它实现了高效率地从训练数据集到测试数据集的推理过程，高度简化了回归及分类问题的步骤。在实际应用中，支持向量机有以下几点优势④：

（1）算法复杂度不依赖于数据维数。由于将核函数引入支持向量机中，通过非线性变换，将样本集的非线性复杂问题转换至高维特征空间，同时，通过线性判别函数的构建以找到样本集的非线性判别函数。

（2）有效避免过度学习。在样本有限的情形下，支持向量机可得到样本有限条件下的最优解，而不单单是在样本趋于无穷时的最优解。

（3）避免局部最小值。根据二次型寻找最优解理论，使用二次型理论方法获得的最优解即为全局最优解。支持向量机算法可以转换为二次型寻找最优解问题，因此，可以避免其面临局部最小值的问题。

支持向量机的应用不仅仅只是模式识别领域，在时间序列预测⑤⑥、信用

①　CHANG C C, LIN C J. LIBSVM：A library for support vector machines ［J］. ACM Transactions on Intelligent Systems and Technology，2007，2（3）：1-27.

②　YANG B Z, WANG M H, YANG H, et al. Ramp loss quadratic support vector machine for classification, Nonlinear Anal Forum ，2016，21（1）：101-115.

③　BURGES C J C. A Tutorial on Support Vector Machines for Pattern Recognition ［M］. Kluwer Academic Publishers，1998.

④　罗瑜. 支持向量机在机器学习中的应用研究 ［D］. 成都：西南交通大学，2007：90-92.

⑤　WANG G J, SCHOOL B. Time Series Forecast of Stock Price Based on the PSO-LSSVM Predict Model ［J］. Science Technology & Industry，2017（10）：175-183.

⑥　GUO Z, QUAN L. Financial time series forecasting using LPP and SVM optimized by PSO ［J］. Soft Computing，2013，17（5）：805-818.

评价①②、面部识别③④等领域也取得了卓越的成果。尽管支持向量机的应用领域越来越广泛，在算法鲁棒性和降低算法复杂度上有了许多改进和研究，但支持向量机仍然存在以下几个方面的不足⑤：①支持向量机算法尚不尽完善；②样本集数据量较多时，支持向量机算法收敛速度较慢，实时性不强；③算法中某些参数的确定及核函数的选择缺乏理论依据，多靠凑试完成；④当面临多分类场景时，支持向量机分类效率较低。需要特别指出的是，机器学习领域的大多数算法都普遍存在着学习效率低这一问题，相较而言，处理小样本数据时支持向量机的训练效率已十分突出。

近年来，支持向量机分类方法取得了许多突破性进展，在计算机、金融、管理和医学等领域也取得了巨大成功，此外，二分类问题在近年来也取得了巨大突破。曼加萨里安等（Mangasarian et al.）⑥提出了广义特征值最接近支持向量机（GEPSVM）。受到 GEPSVM 方法的启发，为了解决二进制数据分类，贾亚德瓦等（Jayadeva et al.）⑦提出了一种双支持向量机（TSVM）方法。双支持向量机（TSVM）方法的思想是生成两个非平行平面，其中一个平面尽可能靠近一类数据，另一个平面尽可能远离。作为双支持向量机（TSVM）的拓

① PAI P F, TAN Y S, HSU M F. Credit Rating Analysis by the Decision-Tree Support Vector Machine with Ensemble Strategies [J]. International Journal of Fuzzy Systems, 2015, 17 (4)：521-530.

② NIKLIS D, DOUMPOS M, ZOPOUNIDIS C. Combining market and accounting-based models for credit scoring using a classification scheme based on support vector machines [J]. Applied Mathematics & Computation, 2014, 234 (8)：69-81.

③ BASHBAGHI S, GRANGER E, BILODEAU G A, et al. Dynamic ensembles of exemplar-SVMs for still-to-video face recognition [J]. Pattern Recognition, 2017, 69：61-81.

④ SHAVERS C, LI R, LEBBY G. An SVM-based approach to face detection [C]. Symposium on System Theory. IEEE, 2006：362-366.

⑤ 牛晓晓. 基于机器学习及智能算法的柴油机性能预测及优化研究 [D]. 哈尔滨：哈尔滨工程大学, 2017：28-31.

⑥ MANGASARIAN O L, WILD E W. Multisurface Proximal Support Vector Machine Classification via Generalized Eigenvalues [J]. IEEE Transactions on Pattern Analysis & Machine Intelligence, 2005, 28 (1)：69-74.

⑦ JAYADEVA, KHEMCHANDANI R, CHANDRA S. Twin Support Vector Machines for Pattern Classification [J]. IEEE Transactions on Pattern Analysis & Machine Intelligence, 2007, 29 (5)：905-910.

展，ν - TSVM 方法①对解决极端值问题十分有效。阿伦·库玛尔等（Arun Kumar et al.）②借助冯（Fung）和曼加萨里安（Mangasarian）③的想法，对模式分类问题提出最小二乘双支持向量机（LSTSVM）方法，将双支持向量机（TSVM）方法增强至最小二乘双支持向量机（LSTSVM）方法。更多关于双支持向量机（TSVM）方法的延伸讨论，可以在引文④⑤中找到。

在上文提到的方法中，训练集中的参数都被假设精确地已知。然而，由于这些参数是从统计误差和测量数据中进行估计的，所以它们在实际应用中存在一定的扰动⑥。在不确定数据点分布的情形下，许多文章都在传统支持向量机的基础上加入了数据分布的不确定性这一前提。毕等（Bi et al.）⑦假设数据点服从一个范数有界的加性噪声，虽然他在文中提出了一个非常明确的模型，但是在不确定集上他的模型并不能得到令人满意的性能。鲁棒优化的目的是求得这样一个解，对于可能出现的所有情况，约束条件均满足，并且使得最坏情况下的目标函数的函数值最优。当不确定数据集的扰动是范数有界时，特拉法利斯等（Trafalis et al.）⑧提出了一种鲁棒优化模型。为了确保不确定数据集的误分类概率小，当约束是机会约束时也可以使用鲁棒优化⑨。本等（Ben-

①　PENG X. A ν-twin support vector machine（ν-TSVM）classifier and its geometric algorithms [J]. Information Sciences, 2010, 180 (20)：3863-3875.

②　KUMAR M A, GOPAL M. Least squares twin support vector machines for pattern classification [J]. Expert Systems with Applications, 2009, 36 (4)：7535-7543.

③　FUNG G, MANGASARIAN O L. Proximal support vector machine classifiers [C]. ACM SIGKDD International Conference on Knowledge Discovery and Data Mining. ACM, 2001：77-86.

④　LEE Y J, MANGASARIAN O L. SSVM：A Smooth Support Vector Machine for Classification [J]. Computational Optimization & Applications, 2001, 20 (1)：5-22.

⑤　SHAO Y H, DENG N Y. A coordinate descent margin based-twin support vector machine for classification [J]. Neural Networks the Official Journal of the International Neural Network Society, 2012, 25 (1)：114-121.

⑥　GOLDFARB D, IYENGAR G. Robust convex quadratically constrained programs [J]. Mathematical Programming, 2003, 97 (3)：495-515.

⑦　BI J, ZHANG T. Support Vector Classification with Input Data Uncertainty [J]. Proc. of Neural Inf. proc. systems, 2004, 17：161-168.

⑧　TRAFALIS T B, GILBERT R C. Robust classification and regression using support vector machines [J]. European Journal of Operational Research, 2006, 173 (3)：893-909.

⑨　BHATTACHARYYA C, GRATE L M, EL GHAOUI L, et al. Robust sparse hyperplane classifiers：Application to uncertain molecular profiling data [J]. Journal of Computational Biology, 2004, 11 (6)：1073-1089.

Tal et al.)① 利用不确定训练数据集的矩信息，基于不同的边界不等式，建立了不同的机会约束支持向量机模型。曹等（Cao et al.)② 将模糊机会约束支持向量机模型推广至不确定分类中。通过研究带机会约束的最小二乘双支持向量机（LSTSVM）方法，可以对不确定数据集考虑分类问题，是非常重要且有趣的探索，也是本节的主要研究内容。本节结合最小二乘双支持向量机（LSTS-VM）方法处理不确定性机会约束的优点，提出了一种模糊机会约束的最小二乘双支持向量机（LSTSVM）方法，本节研究中采用的主要方法是将不确定数据集的矩信息转化为二阶矩规划（SOCP）。

本节的内容安排如下：4.2 节对支持向量机和最小二乘双支持向量机方法进行了简要回顾；4.3 节介绍了模糊机会约束最小二乘双支持向量机模型；4.4 节展示了针对不确定数据集的实验结果；4.5 节给出了结论。

4.2 最小二乘双支持向量机和模糊机会约束双支持向量机

在这一节中，我们简要回顾最小二乘双支持向量机（LSTSVM）和模糊机会约束双支持向量机（FCC-TSVM）的概念及应用场景。

4.2.1 最小二乘双支持向量机（LSTSVM）

考虑一个二分类问题：其中 l_1 为正向点，l_2 为负向点（$l_1 + l_2 = l$）。假设数据点属于正向类的表示为 $A \in R^{l_1 \times n}$，其中每个 n 维数据点 $A_i \in R^n (i = 1, \cdots, l)$ 表示数据点带有 +1 的标记。同样地，$B \in R^{l_2 \times n}$ 代表所有带有 -1 标记的数据点。最小二乘双支持向量机（LSTSVM）决定了如下两个非平行超平面：

$$f_+(x) = w_+^T x + b_+ = 0$$
$$f_-(x) = w_-^T x + b_- = 0 \tag{4-1}$$

---

① BEN-TAL A, BHADRA S, BHATTACHARYYA C, et al. Chance constrained uncertain classification via robust optimization [J]. Mathematical Programming, 2011, 127 (1): 145-173.

② CAO Q, LU Y, DONG D, et al. The roles of bridging and bonding in social media communities [J]. Journal of the American Society for Information Science & Technology, 2014, 64 (8): 1671-1681.

其中，w_+，$w_-\in R^n$，b_-，$b_+\in R$。每个超平面与其中一类点接近，并且与不同类点有一定距离。最小二乘双支持向量机（LSTSVM）的表述如下：

$$\min_{w_+,\,b_+}\frac{1}{2}\parallel Aw_++e_+b_+\parallel_2^2+C_1\xi^T\xi$$

$$s.t. \quad -(Bw_++e_-b_+)+\xi=e_-,\ \xi\geqslant 0 \tag{4-2}$$

以及

$$\min_{w_-,\,b_-}\frac{1}{2}\parallel Bw_-+e_-b_-\parallel_2^2+C_2\eta^T\eta$$

$$s.t. \quad (Aw_++e_+b_+)+\eta=e_+,\ \eta\geqslant 0, \tag{4-3}$$

其中，C_1，C_2 是正数，e_+，e_- 是相应维数的向量。非平行超平面方程式（4-1）可以通过式（4-2）、式（4-3）求解。新的点集会由下列决策函数进行分类：

$$x^Tw_r+b_r=\min_{r=+,\,-}\mid x^Tw_r+b_r\mid \tag{4-4}$$

4.2.2 模糊机会约束双支持向量机（FCC-TSVM）

当数据集存在不确定性时，双支持向量机（TSVM）模型需要进行修正，进而包含数据中的不确定信息。就像机会约束双支持向量机（CC-TSVM）模型一样，假设 l_1，l_2 是 R^n 中的训练数据集，用 $\widetilde{A_i}=[A_{i1},\cdots,A_{in}]$，$i=1$，$\cdots$，$l_1$ 定义不确定数据点标记为 $+1$。相应地，用 $\widetilde{B_i}=[B_{i1},\cdots,B_{in}]$，$i=1$，$\cdots$，$l_2$ 定义不确定数据点标记为 -1，那么，$\widetilde{A}=[\widetilde{A}_1,\cdots,\widetilde{A}_{l_1}]^T$ 和 $\widetilde{B}=[\widetilde{B}_1,\cdots,\widetilde{B}_{l_2}]^T$ 代表两个数据集。机会约束规划通过考察误分类点的贡献，来确保针对不确定数据集的最小误分概率。

模糊机会约束双支持向量机（FCC-TSVM）模型的公式化表达为

$$\min_{w_+,\,b_+}\frac{1}{2}\mathbb{E}\{\parallel \widetilde{A}w_++e_+b_+\parallel_2^2\}+C_1\sum_{i=1}^{l_1}t_i\xi_i$$

$$s.t. \quad \{-(\widetilde{B_i}w_++b_+)\leqslant 1-\xi_i\}\leqslant\varepsilon$$
$$\xi_i\geqslant 0,\ i=1,\cdots,l_1 \tag{4-5}$$

以及

$$\min_{w_-,\,b_-}\frac{1}{2}\mathbb{E}\{\parallel \widetilde{B}w_-+e_-b_-\parallel_2^2\}+C_2\sum_{i=1}^{l_2}t_i\eta_i$$

$$s.t. \quad \{(\widetilde{A_i}w_-+b_-)\leqslant 1-\eta_i\}\leqslant\varepsilon$$
$$\eta_i\geqslant 0,\ i=1,\cdots,l_2 \tag{4-6}$$

$\mathbb{E}\{\cdot\}$ 表示相应分布下的期望值，C_1，C_2 为正数，$t_i \in (-1, 1]$，表示正、负样本的模糊隶属度，$0 < \varepsilon < 1$ 表示接近于 0 的参数，$\mathbb{P}\{\cdot\}$ 表示概率分布。该模型保证了误分类概率的上界，但式（4-5）、式（4-6）是两个具有机会约束的二次优化问题，通常是非凸的，因此模型求解非常困难。该模型仅能确保误分类概率的上界。

4.3　模糊机会约束最小二乘双支持向量机（FCC‑LSTSVM）

这一节将会提出一个机会约束最小二乘支持向量机来处理不确定数据集。与前文中模糊机会约束双支持向量机（FCC-TSVM）一样，假设 l_1，l_2 是 R^n 中的训练数据集，用 $\widetilde{A_i} = [A_{i1}, \cdots, A_{in}]$，$i = 1, \cdots, l_1$ 定义不确定数据点标记为 $+1$。相应地，用 $\widetilde{B_i} = [B_{i1}, \cdots, B_{in}]$，$i = 1, \cdots, l_2$ 定义不确定数据点标记为 -1，那么，$\tilde{A} = [\tilde{A}_1, \cdots, \tilde{A}_{l_1}]^T$ 和 $\tilde{B} = [\tilde{B}_1, \cdots, \tilde{B}_{l_2}]^T$ 代表两个数据集。通过考察不同误分类点对误分类的贡献度，从而确保机会约束规划针对不确定数据集的最低误分类概率。模糊机会约束最小二乘双支持向量机（FCC-LSTSVM）的公式化表达为

$$\min_{w_-, b_-} \frac{1}{2} \mathbb{E}\{\parallel \tilde{A}w_+ + e_+ b_+ \parallel_2^2\} + C_1 \sum_{i=1}^{l_1} t_i \xi_i^2$$

$$s.t. \ \{-(\widetilde{B_i}w_+ + b_+) \leqslant 1 - \xi_i\} \leqslant \varepsilon$$
$$\xi_i \geqslant 0, \ i = 1, \cdots, l_1 \tag{4-7}$$

以及

$$\min_{w_-, b_-} \frac{1}{2} \mathbb{E}\{\parallel \tilde{B}w_- + e_- b_- \parallel_2^2\} + C_2 \sum_{i=1}^{l_2} t_i \eta_i^2$$

$$s.t. \ \{(\widetilde{A_i}w_- + b_-) \leqslant 1 - \eta_i\} \leqslant \varepsilon$$
$$\eta_i \geqslant 0, \ i = 1, \cdots, l_2 \tag{4-8}$$

$\mathbb{E}\{\cdot\}$ 表示相应分布下的期望值，C_1，C_2 为正数，$t_i \in (-1, 1]$，表示正、负样本的模糊隶属度，$0 < \varepsilon < 1$ 表示接近于 0 的参数，$\mathbb{P}\{\cdot\}$ 表示概率分布。该模型保证了误分类概率的上界，但式（4-7）、式（4-8）是两个具有机会约束的二次优化问题，是非凸的，因此模型求解非常困难。到目前为止，我们处理机会约束的工作转化为用不同的边界不等式传递它们。当不确定数据集的

均值和协方差矩阵已知时，鲁棒优化的多变量约束①可以被用来表示特殊条件下的机会约束②。

引理 4-1 令 $X \sim (\mu, \Sigma)$，X 表示随机向量，其中 μ 为均值，Σ 为协方差矩阵，多元切比雪夫不等式表明对任意闭凸集 S，X 在 S 中取值的最大概率为

$$\sup_{X \sim (\mu, \Sigma)} \mathbb{P} \{X \in S\} = \frac{1}{1 + d^2}$$

$$d^2 = \inf_{X \in S} (x - \mu)^T \overset{-1}{\Sigma} (X - \mu) \tag{4-9}$$

定理 4-1 假设随机变量第一时刻与第二时刻 A_i、B_i 的信息已知，令 $\mu_i^+ = \mathbb{E}[\widetilde{A_i}]$ 和 $\mu_i^- = \mathbb{E}[\widetilde{B_i}]$ 分别表示均值向量。同时，令 $\sum_i^+ \mathbb{E}[(\widetilde{A_i} - \mu_i^+)^T (\widetilde{A_i} - \mu_i^+)]$ 和 $\sum_i^- \mathbb{E}[(\widetilde{B_i} - \mu_i^-)^T (\widetilde{B_i} - \mu_i^-)]$ 分别为两个不确定数据点集的协方差矩阵，那么式（4-7）和式（4-8）就可以分别改写为

$$\min_{w_+, b_+} \frac{1}{2} w_+^T G^+ w_+ + w_+^T \mu^{+T} b_+ + \frac{1}{2} l_1 b_+^2 + C_1 \sum_{i=1}^{l_1} t_i \xi_i^2$$

$$s.t. \ -(\mu_i^- w_+ + b_+) \geq 1 - \xi_i + k \| \sum_i w_+ \|^{-\frac{1}{2}}, \quad \xi_i \geq 0 \tag{4-10}$$

以及

$$\min_{w_-, b_-} \frac{1}{2} w_-^T G^- w_- + w_-^T \mu^{-T} b_- + \frac{1}{2} l_2 b_-^2 + C_2 \sum_{i=1}^{l_2} t_i \eta_i^2$$

$$s.t. \ \mu_i^+ w_- + b_- \geq 1 - \eta_i + k \| \sum_i w_- \|^{-\frac{1}{2}}, \quad \eta_i \geq 0 \tag{4-11}$$

其中，$k = \sqrt{\dfrac{1 - \varepsilon}{\varepsilon}}$，同时，

$$G^+ = \sum_{i=1}^{l_1} (\mu_i^{+T} \mu_i^+ + \Sigma_i^+), \ \mu^+ = \sum_{i=1}^{l_1} \mu_i^+$$

$$G^- = \sum_{i=1}^{l_2} (\mu_i^{-T} \mu_i^- + \Sigma_i^-), \ \mu^- = \sum_{i=1}^{l_2} \mu_i^-$$

① MARSHALL A W, OLKIN I. Multivariate Chebyshev Inequalities [J]. Annals of Mathematical Statistics, 1960, 31 (4): 1001-1014.

② BHATTACHARYYA C, GRATE L M, EL GHAOUI L, et al. Robust sparse hyperplane classifiers: Application to uncertain molecular profiling data [J]. Journal of Computational Biology, 2004, 11 (6): 1073-1089.

证明： 现在我们需要证明模型（4-7）可以用式（4-10）重新表达。事实上它是模型（4-7）的延续：

$$\min_{w_+,\,b_+} \frac{1}{2}\mathbb{E}\{\parallel \widetilde{A}w_+ + e_+ b_+ \parallel_2^2\} + C_1 \sum_{i=1}^{l_1} t_i \xi_i^2$$

$$= \min_{w_+,\,b_+} \frac{1}{2}\mathbb{E}\Big\{\sum_{i=1}^{l_1}(\widetilde{A_i}w_+)^2 + \sum_{i=1}^{l_1}\widetilde{A_i}w_+ b_+ + l_1 b_+^2\Big\} + C_1 \sum_{i=1}^{l_1} t_i \xi_i^2$$

$$= \min_{w_+,\,b_+} \frac{1}{2}w_+^T \mathbb{E}\Big\{\sum_{i=1}^{l_1}\widetilde{A_i}^T\widetilde{A_i}\Big\}w_+ + \sum_{i=1}^{l_1}\mathbb{E}\{\widetilde{A_i}\}w_+ b_+ + \frac{1}{2}l_1 b_+^2 + C_1 \sum_{i=1}^{l_1} t_i \xi_i^2$$

$$= \min_{w_+,\,b_+} \frac{1}{2}w_+^T \sum_{i=1}^{l_1}\mathbb{E}\{\widetilde{A_i}^T\widetilde{A_i}\}w_+ + \sum_{i=1}^{l_1}\mathbb{E}\{\widetilde{A_i}\}w_+ b_+ + \frac{1}{2}l_1 b_+^2 + C_1 \sum_{i=1}^{l_1} t_i \xi_i^2$$

$$= \min_{w_+,\,b_+} \frac{1}{2}w_+^T \sum_{i=1}^{l_1}(E^T\{\widetilde{A_i}\}\,\mathbb{E}\{\widetilde{A_i}\} + \Sigma_i^+)w_+ + \sum_{i=1}^{l_1}\mathbb{E}\{\widetilde{A_i}\}w_+ b_+ + \frac{1}{2}l_1 b_+^2 +$$
$$C_1 \sum_{i=1}^{l_1} t_i \xi_i^2$$

$$= \min_{w_+,\,b_+} \frac{1}{2}w_+^T \sum_{i=1}^{l_1}(\mu_i^{+T}\mu_i^+ + \Sigma_i^+)w_+ + \sum_{i=1}^{l_1}\mu_i^+ w_+ b_+ + \frac{1}{2}l_1 b_+^2 + C_1 \sum_{i=1}^{l_1} t_i \xi_i^2$$

$$= \min_{w_+,\,b_+} \frac{1}{2}w_+^T G^+ w_+ + w_+^T \mu^T b_+ + \frac{1}{2}l_1 b_+^2 + C_1 \sum_{i=1}^{l_1} t_i \xi_i^2$$

其中

$$G^+ = \sum_{i=1}^{l_1}(\mu_i^{+T}\mu_i^+ + \Sigma_i^+),\quad \mu^+ = \sum_{i=1}^{l_1}\mu_i^+$$

对于约束（4-7），我们知道集合 $\{-(\bar{B}w_+ + e_+ b_+) \leqslant 1 - \xi\}$ 是由一个超平面产生的半空间，因此它是一个闭凸集。利用引理 4-1，我们得到

$$\sup_{\mathcal{B}_i \sim (\mu_i^-,\,\Sigma_i^-)} \mathbb{P}\{-(\widetilde{B_i}w_+ + b_+) \leqslant 1 - \xi_i\} = 1$$

这与 $0 < \varepsilon < 1$ 相矛盾，令

$$u_i = \Sigma_i^{-\frac{-+}{}}(X - \mu_i),\quad v_i = -\Sigma_i^{-\frac{-+}{}}w_+$$

以及

$$\gamma_i = \mu_i^+ w_+ + b_+ + 1 - \xi_i$$

因此 $\gamma_i < 0$，同时

$$d^2 = \inf_{v_i^T u_i \leqslant \gamma_i} u_i^T u_i$$

考虑拉格朗日法 $L(u_i, \lambda_i) = u_i^T u_i + \lambda_i(v_i^T u_i - \gamma_i)$，$\lambda_i \geqslant 0$ 取导数为零，我们令 $2u_i = \lambda_i v_i$，以及 $v_i^T u_i = \gamma_i$。因此得到

$$d^2 = \inf_{-(Xw_+ + b_+) \leqslant 1 - \xi_i} (X - \mu_i^-)^T \Sigma_i^{-1} (X - \mu_i^-)$$
$$= u_i^T u_i = \frac{\gamma_i^2}{v_i^T v_i} = \frac{(\mu_i^- w_+ + b_+ - 1 + \xi_i)^2}{w^{+^T} \Sigma_i^- w^+}$$

对约束（4-7）而言，

$$\sup_{X \sim (\mu_i^-, \Sigma_i^-)} \mathbb{P}\{-(Xw_+ + b_+) \leqslant 1 - \xi i\} < \varepsilon$$

显然可知 $\dfrac{1}{1 + d^2} \leqslant \varepsilon$，因此 $d^2 \geqslant \dfrac{1 - \varepsilon}{\varepsilon}$。由 $-(\mu_i^+ w_+ + b_+) - 1 + \xi_i > 0$，从而有

$$-(\mu_i^- w_+ + b_+) \geqslant 1 - \xi_i + k \left\| \sum_i^{-+} w_+ \right\|, \ \xi_i \geqslant 0$$

同样地，对于模型（4-8）可以用式（4-11）表示，这样才是完整的对问题的证明。对任意非零向量 (w_+, b_+)，我们可得到

$$\frac{1}{2} w_+^T G^+ w_+ + w_+^T \mu^{+^T} b_+ + \frac{1}{2} l_1 b_+^2$$

$$= (w_+, b_+)^T \begin{pmatrix} \dfrac{1}{2} G^+ & \dfrac{1}{2} \mu^{+^T} \\ \dfrac{1}{2} \mu^+ & \dfrac{1}{2} l_1 \end{pmatrix} (w_+, b_+)$$

$$= \frac{1}{2} \mathbb{E}\{ \| \tilde{A} w_+ + e_+ b_+ \|_2^2 \} \geqslant 0$$

另一方面，不难看出约束模型（4-10）是二次锥的形式，令

$$H^+ = \frac{1}{2} \begin{pmatrix} G^+ & \mu^{+^T} \\ \mu^+ & l_1 \end{pmatrix} \tag{4-12}$$

矩阵 H^+ 是正半定矩阵，为了确保约束问题（4-10）的严格凸性，我们可以附加一个扰动 $\in I$（$\in > 0$，I 是单位矩阵），使得 $H^+ + \in I$ 是正定的。不失一般性地，假设 H^+ 是正定矩阵。

定理4-2 机会约束最小二乘双支持向量机（CC-LSTSVM）模型（4-10）和模型（4-11）的对偶问题，可以用以下模型表示：

$$\max_{\lambda_i, v} \sum_{i=1}^{l_1} \lambda_i - \frac{1}{2} s_i^{+^T} H_1^{+^T} G^+ H_1^+ s_i^+ - \frac{1}{2} l_1 s_i^{+^T} H_2^{+^T} H_2^+ s_i^+ - \mu_i^+ H_1^+ s_i^+ H_2^+ s_i^+$$

$$s.t. \ -\left(\sum_{i=1}^{l_1} \lambda_i (\mu_i^{-^T} + k \Sigma_i^{-\frac{1}{2}} v), \sum_{i=1}^{l_1} \lambda_i \right) = s_i^+$$

$$0 \leqslant \lambda_i \leqslant C_1 t_i, \ \| v \| \leqslant 1 \tag{4-13}$$

以及：

$$\max_{\gamma_i, v} \sum_{i=1}^{l_2} \gamma_i - \frac{1}{2} s_i^{-^T} H_1^{-^T} G^- H_1^- s_i^- - \frac{1}{2} l_2 s_i^{-^T} H_2^{-^T} H_2^- s_i^- - \mu_i^+ H_1^- s_i^- H_2^+ s_i^-$$

$$s.\,t.\ -\Big(\sum_{i=1}^{l_2} \gamma_i (\mu_i^{+^T} - k\Sigma_i^{+^+} v),\ \sum_{i=1}^{l_1} \gamma_i\Big) = s_i^-$$

$$0 \leqslant \gamma_i \leqslant C_2 t_i, \quad \|v\| \leqslant 1 \tag{4-14}$$

其中，$H^{+^{-1}} = [H_1^+,\ H_2^+]$，$H^{-^{-1}} = [H_1^-,\ H_2^-]$。

证明： 我们只需要证明模型（4-10）的对偶问题可以由模型（4-13）表述，拉格朗日算子为

$$L(w_+,\ b_+,\ \xi,\ \lambda,\ \beta)$$

$$= \frac{1}{2} w_+^T G^+ w_+ + w_+^T \mu^{+^T} b_+ + \frac{1}{2} l_1 b_+^2 + C_1 \sum_{i=1}^{l_1} t_i \xi_i^2 - \sum_{i=1}^{l_1} \lambda_i [-(\mu_i^- w_+ + b_+) - 1 +$$

$$\xi_i - k\|\Sigma_i^{-^+} w_+\|] - \sum_{i=1}^{l_1} \beta_i \xi_i \tag{4-15}$$

其中，$\lambda_i,\ \beta_i \geqslant 0$。

对任意的 $x \in R^n$，我们可得到如下关系，$\|x\| = \max_{\|y\| \leqslant 1} x^T y$。则，式（4-15）的等效模型如下：

$$L_1(w_+,\ b_+,\ \xi,\ \lambda,\ \beta,\ v) = \frac{1}{2} w_+^T G^+ w_+ + w_+^T \mu^{+^T} b_+$$

$$+ \frac{1}{2} l_1 b_+^2 + C_1 \sum_{i=1}^{l_1} t_i \xi_i^2 - \sum_{i=1}^{l_1} \lambda_i (-(\mu_i^- w_+ + b_+)$$

$$- 1 + \xi_i - k(\|\Sigma_i^{-^+} w_+\|)^T v) - \sum_{i=1}^{l_1} \beta_i \xi_i \tag{4-16}$$

式中，$\lambda_i,\ \beta_i \geqslant 0$，$\|v\| \leqslant 1$。拉格朗日算子 L_1 与 L，当最大化约束 $\|v\| \leqslant 1$ 时，有相同的最优解。因此，$L(w_+,\ b_+,\ \xi,\ \lambda,\ \beta) = \max_{\|v\| \leqslant 1} L_1(w_+,\ b_+,\ \xi,\ \lambda,\ \beta,\ v)$。

与脚注①中第五节类似，要求解式（4-10）相当于找到拉格朗日算子 L_1 的鞍点。这个事实结合着凸性，意味着：

$$\min_{w_+,\ b_+,\ \xi} \max_{\lambda_i, \beta_i} L(w_+,\ b_+,\ \xi,\ \lambda,\ \beta)$$

$$= \min_{w_+,\ b_+,\ \xi} \max_{\lambda_i, \beta_i, \|v\| \leqslant 1} L_1(w_+,\ b_+,\ \xi,\ \lambda,\ \beta,\ v)$$

$$= \max_{\lambda_i, \beta_i, \|v\| \leqslant 1} \min_{w_+,\ b_+,\ \xi} L_1(w_+,\ b_+,\ \xi,\ \lambda,\ \beta,\ v). \tag{4-17}$$

---

① BOYD S, VANDENBERGHE L. Convex Optimization [M]. Cambridge University Press, Cambridge, 2004.

通过消掉式（4-17）中的原始变量，我们得到了一个对偶问题，对 L_1 中的 w_+，b_+ 以及 ξ 分别求偏导数，得

$$
\begin{cases}
\dfrac{\partial L_1(w_+,\ b_+,\ \xi,\ \lambda,\ \beta)}{\partial w_+} = G^+ w_+ + \mu^{+^\tau} b_+ + \sum_{i=1}^{l_1} \lambda_i \mu_i^{-^\tau} + k \sum_{i=1}^{l_1} \lambda_i \Sigma_i^{-^+} v \\[2mm]
\dfrac{\partial L_1(w_+,\ b_+,\ \xi,\ \lambda,\ \beta)}{\partial b_+} = w_+^T \mu^{+^\tau} + l_1 b_+ + \sum_{i=1}^{l_1} \lambda_i \\[2mm]
\dfrac{\partial L_1(w_+,\ b_+,\ \xi,\ \lambda,\ \beta)}{\partial \xi_i} = 2C_1 t_i \xi_i - \lambda_i - \beta_i
\end{cases}
$$

$$(4-18)$$

通过将式（4-18）中的等式等于零，我们得到下列等式

$$
\begin{cases}
G^+ w_+ + \mu^{+^\tau} b_+ + \sum_{i=1}^{l_1} \lambda_i \mu_i^{-^\tau} + k \sum_{i=1}^{l_1} \lambda_i \Sigma_i^{-^+} v = 0 \\[2mm]
w_+^T \mu^{+^\tau} + l_1 b_+ + \sum_{i=1}^{l_1} \lambda_i = 0 \\[2mm]
2C_1 t_i \xi_i - \lambda_i - \beta_i = 0
\end{cases}
$$

$$(4-19)$$

因此，通过求解式（4-19）同时考虑式（4-12），我们可以推出：

$$
\begin{aligned}
& H^+ [w_+,\ b_+] \\
& = - \Big(\sum_{i=1}^{l_1} \lambda_i (\mu_i^{-^\tau} + k\Sigma_i^{-^+} v),\ \sum_{i=1}^{l_1} \lambda_i \Big) \\
& = s_i^+
\end{aligned}
$$

$$(4-20)$$

由于 H^+ 是正定的，可以清楚地看到式（4-20）的解可以由以下方法得到

$$
\begin{cases}
w_+ = - H_1^+ \Big(\sum_{i=1}^{l_1} \lambda_i (\mu_i^{-^\tau} + k\Sigma_i^{-^+} v),\ \sum_{i=1}^{l_1} \lambda_i \Big) \\[2mm]
\quad = H_1^+ s_i^+ \\[2mm]
b_+ = - H_2^+ \Big(\sum_{i=1}^{l_1} \lambda_i (\mu_i^{-^\tau} + k\Sigma_i^{-^+} v),\ \sum_{i=1}^{l_1} \lambda_i \Big) \\[2mm]
\quad = H_2^+ s_i^+
\end{cases}
$$

其中：

$$H^{+^{-1}} = [H_1^+,\ H_2^+]$$

$$(4-21)$$

通过式（4-16）、式（4-19）和式（4-21），我们可以得到如下关于式（4-10）的对偶问题：

$$\min_{\lambda_i, \mu} \sum_{i=1}^{l_1} \lambda_i - \frac{1}{2} s_i^{+^\tau} H_1^{+^\tau} G^+ H_1^+ s_i^+$$

$$- \frac{1}{2} l_1 s_i^{+^\tau} H_2^{+^\tau} H_2^+ s_i^+ - \mu_i^+ H_1^+ s_i^+ H_2^+ s_i^+$$

$$s.t. \quad - \Big(\sum_{i=1}^{l_1} \lambda_i (\mu_i^{-^\tau} + k \Sigma_i^{-^+} v) , \sum_{i=1}^{l_1} \lambda_i \Big) = s_i^+$$

$$0 \leqslant \lambda_i \leqslant C_1 t_i, \quad \| v \| \leqslant 1$$

同样地，我们知道问题（4-11）可以表述为式（4-14）的形式，这样就完成了证明。

备注 4.1　以上已经证明，模糊机会约束最小二乘双支持向量机（FCC-LSTSVM）的对偶问题与模糊机会约束双支持向量机（FCC-TSVM）类似。但是，我们可以给出一个更加明确的约束参数 λ，在适当的可行域内，问题的解将会更加精确。

4.4　数值实验

在文章的这一节中，我们将会基于两种类型的数据集对给出的模糊机会约束最小二乘双支持向量机（FCC-LSTSVM）模型进行数值实验。第一个实验通过人工数据验证了 FCC-LSTSVM 模型的性能；第二个实验，我们使用了来自 UCI 机器学习库的数据集来测试 FCC-LSTSVM 模型的性能。所有的实验结果是求得的十个测试训练实验的均值，使用 Matlab R2013a，2.5GHz CPU，2.5G 可用 RAM。使用了 SeDuMi1[①] 软件求解 FCC-LSTSVM 模型中二阶锥规划（SOCP）问题。

4.4.1　模糊隶属度函数

模糊隶属度函数的设计是模糊算法应用模糊技术的关键，本节中，我们利

---

① 资料来源：http://sedumi.ie.lehigh.edu/

用类中心法生成模糊隶属度。首先，定义类 + 1 的均值表示为类中心 x_+，同样地，类 - 1 的均值表示为类中心 x_-。每一类的半径 r_+、r_- 是每一类训练样本集中的点与类中心间的最大距离，分别表示为 $r_+ = \max\limits_{x_i, y_i = 1} \| x_i - x_+ \|$ 及 $r_- = \max\limits_{x_i, y_i = -1} \| x_i - x_- \|$。模糊隶属度 t_i，是关于均值和相应类半径的函数：

$$t_i = \begin{cases} 1 - \dfrac{\| x_i - x_+ \|}{r_+ + \sigma}, & y_i = 1 \\[2mm] 1 - \dfrac{\| x_i - x_- \|}{r_- + \sigma}, & y_i = -1 \end{cases}$$

其中，$\sigma > 0$ 是为了避免 $t_i = 0$。

4.4.2 人工数据

为了更直观地表现模糊机会约束最小二乘双支持向量机（FCC-LSTSVM）模型，我们构建了二维不确定数据集，随机生成自两个正态分布。

第一类数据集为：

$$\mu^+ = \begin{bmatrix} 0 \\ 2 \end{bmatrix}, \quad \Sigma^+ = \begin{bmatrix} 1 & 0 \\ 0 & 4 \end{bmatrix}, \quad \mu^- = \begin{bmatrix} -1 \\ 0 \end{bmatrix}, \quad \Sigma^- = \begin{bmatrix} 7 & 0 \\ 0 & 3 \end{bmatrix}$$

第二类数据集为：

$$\mu^+ = \begin{bmatrix} -1 \\ 2 \end{bmatrix}, \quad \Sigma^+ = \begin{bmatrix} 3 & 0 \\ 0 & 4 \end{bmatrix}, \quad \mu^- = \begin{bmatrix} 3 \\ 3 \end{bmatrix}, \quad \Sigma^- = \begin{bmatrix} 6 & 0 \\ 0 & 0.4 \end{bmatrix}$$

图 4-1 显示了 FCC-LSTSVM 模型在两个不确定数据集中的性能，在数值实验中，不同的数据集由相应的分布产生。在每个数据集中，+ 1 类和 - 1 类分别生成于正态分布 (μ^+, Σ^+) 及 (μ^-, Σ^-)。每一类中有 80 个点，随机取出 50 个点作为实验数据点，其余点为测试数据点。图 4-1 中，空心点代表 + 1 类，实心点代表 - 1 类，两条直线分别是我们要找的二维分离超平面。事实上，参数 ε 的值也会影响到超平面的确定，图 4-1 中（a）和（b）表现了执行不同参数值时的效果。

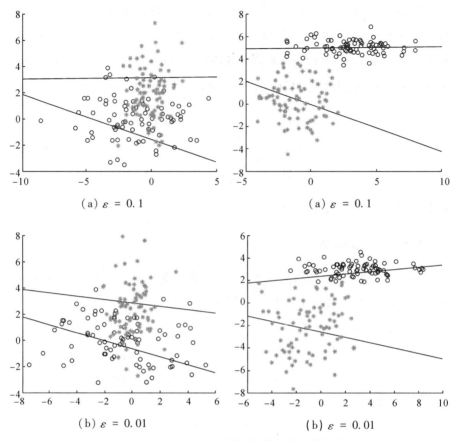

(a) $\varepsilon = 0.1$ (a) $\varepsilon = 0.1$

(b) $\varepsilon = 0.01$ (b) $\varepsilon = 0.01$

图 4-1　FCC-LSTSVM 模型在数据集中的性能

4.4.3　真实数据测试

在数值实验中，本节给出了两个使用真实数据集的测试结果。实验中使用了以下数据集：

（1）WBCD，威斯康星乳腺癌诊断数据（UCI 数据集），WBCD 数据是十维数据，699 个样本，444 个良性样本类标记为 + 1，恶性样本类标记为 - 1。

（2）IONOSPHERE，电离层数据集同样取自 UCI 数据集，IONO 数据是 34 维数据，数据集中有 351 个样本，225 个好的样本被标记为 + 1，剩下的样本被标记为 - 1。

数据集的分布特征通常是未知的，因此需要对数据点进行估计。如果一个不确定数据点 $\widetilde{x}_i = [\widetilde{x_{i1}}, \cdots, \widetilde{x_{in}}]^T$ 有 N 个样本 $\widetilde{x_{ik}}$，$k = 1, \cdots, N$，则样本均值

为 $\bar{x}_i = \dfrac{1}{N} \sum_{i=1}^{N} x_{ik}$，被用来估计的均值向量为 $\mu_i = \mathbb{E}[\widetilde{x_i}]$，样本协方差为

$$S_i = \frac{1}{N-1} \sum_{i=1}^{N} (x_{i_i} - \bar{x_i})(x_{i_i} - \bar{x_i})^T$$

被用来估计的协方差矩阵为

$$\Sigma_i = \mathbb{E}[(\widetilde{x_i} - \mu_i)(\widetilde{x_i} - \mu_i)^T]$$

但在均值向量 μ_i 和协方差矩阵 Σ_i 不存在的情况下，以上的处理就会带来估计误差。Panos M. Pardalos 等（2018）[①] 已经对处理类似特殊情形进行了讨论，在本节的实验中，我们将采用 Pardalos 提到的方法对估计进行修正。由于数据集是不确定的，因此性能的好坏是值得研究的，本等（Ben-Tal et al.，2011）[②] 建议使用名义误差和最优误差来对性能进行评估。在我们的实验中，我们选择这些指数来确定模型的准确性。名义误差（NomErr）为

$$NomErr = \frac{\sum_i \mathbf{1}_{y_i^{pre} \neq y_i}}{训练样本个数} \times 100\%$$

最优误差（OptErr）是由误分类概率定义的，模型（4-7）、模型（4-8）的机会约束问题可以改写为模型（4-10）、模型（4-11）的形式，因此我们可以得到最小值 ε，记为 ε_{opt}。数据点 x_i 的最优误差（OptErr）可以定义为

$$OptErr = \begin{cases} 1, & y_i^{pre} \neq y_i \\ \varepsilon_{opt}, & y_i^{pre} = y_i \end{cases}$$

数据集的最优误差（OptErr）定义为

$$OptErr = \frac{\sum_i OptErr_i}{训练样本个数} \times 100\%$$

我们首先对 WBCD 数据集进行测试。由于 WBCD 数据集中的数据点有 10 个属性，在计算二次锥规划时将会花费大量时间，所以我们将使用主成分分析法（PCA）来精确确定两个主要属性。然后将其中 80% 的数据作为训练集，

---

① WANG X, FAN N, PARDALOS P M. Robust chance-constrained support vector machines with second-order moment information [J]. Annals of Operations Research, 2018, 263 (1)：45-68.

② BEN-TAL A, BHADRA S, BHATTACHARYYA C, et al. Chance constrained uncertain classification via robust optimization [J]. Mathematical Programming, 2011, 127 (1)：145-173.

剩下 20% 的数据作为测试集。对参数 ε 的设置，分别取了三个参数值 $\{0.1，0.05，0.1\}$。类似于对人工数据的处理，罚参数 C_1 和 C_2 取自 $\{10^i \mid i = -5，\cdots，5\}$。

在表 4-1 中得到的数据是运算超过十次后的平均结果，可以明显地看到，当 ε 从 0.1 下降到 0.01 时名义误差（NomErr）略有下降，这是由于 ε 代表了误分类的上界。当 ε 从 0.1 降低至 0.01 时，平均最优误差（OptErr）率大约从 5.09% 降低至 5.02%。由此，我们可以得到参数 ε 降低时，分类精度得到了提升这一结论。同时，又有名义误差（NomErr）及最优误差（OptErr）的定义以及图 4-1，不难发现最优误差（OptErr）大于名义误差（NomErr）。此外，由表 4-1 知，当 ε 变小时，运算模型将花费更多的时间，这是由于二次锥规划的求解过程与参数设置紧密相关。

表 4-1　FCC-LSTSVM 对 WBCD 数据集的性能

参数	NomErr	OptErr	测试时长（s）
$\varepsilon = 0.01$	5.02	5.08	3.6
$\varepsilon = 0.05$	5.05	5.12	3.0
$\varepsilon = 0.1$	5.09	5.14	3.1

同样地，表 4-2 中得到的数据也是运算超过十次后的平均结果。电离层数据集的维数是 34 维，类似在处理 WBCD 数据集中采用的方法，通过主成分分析法得到了 3 个电离层数据集的主要属性。取其中 80% 数据点作为训练集，剩余数据作为测试集。对于参数 ε 的设置，分别取三个参数值 $\{0.1，0.05，0.1\}$，罚参数 C_1 和 C_2 分别取自 $\{10^i \mid i = -5，\cdots，5\}$。同样地，我们可以得到分配准确率随参数 ε 的减小而提升。在这个实验中，我们可以清楚地看到最优误差（OptErr）大于名义误差（NomErr）。同样地采用 SeDuMi 软件来解决二次锥规划问题，当参数 ε 减小时模型计算花费更多的时间。

表 4-2　FCC-LSTSVM 对 IONO 数据集的性能

参数	NomErr	OptErr	测试时长（s）
$\varepsilon = 0.01$	15.08	16.24	7.3
$\varepsilon = 0.05$	15.21	16.22	6.6
$\varepsilon = 0.1$	15.89	16.10	6.5

我们同样将本书的模型与之前的模型进行了比较，比如双支持向量机

（TWSVM）模型以及模糊机会约束双支持向量机（FCC-TSVM）模型。我们使用的实验数据有乙肝数据（"Bliver"），心血管数据（"Heart-c"），肝炎（"Hepatitis"），电离层数据（"Ionosphere"），美国国会投票数据（"Votes"），威斯康星乳腺癌诊断数据（"WBCD"），这些数据均取自 UCI 数据集。实验参数、罚参数、试验集和测试集等的选取方法与前文一致，此处不再赘述。

在表4-3中，展示的是之前的模型与我们给出模型的比较结果，可以清楚地看到，模糊机会约束最小二乘双支持向量机（FCC-LSTSVM）模型的误分类概率低于原始的双支持向量机（TWSVM）模型，模型分类效果更好。这与两个平行平面分类效果优于单个超平面的结果一致。

表 4-3 不同模型的误分率

数据集	TWSVM	FCC-TSVM	FCC-LSTSVM
Bliver	0.352 1	0.351 4	0.350 4
Heart-c	0.186 7	0.187 5	0.180 2
Hepatitis	0.208 2	0.207 4	0.199 1
Ionosphere	0.063 3	0.0625	0.0604
Votes	0.082 4	0.081 6	0.073 6
WBCD	0.164 3	0.160 6	0.157 8

4.5 本章小结

本章通过机会约束规划，给出了一个针对分类的、新的模糊机会约束最小二乘双支持向量机（FCC-LSTSVM）算法，可以有效地处理噪声数据。当数据点在统计学意义下的性质不确定时，研究了双支持向量机的分类问题。对数据集已知的分布的某些性质，FCC-LSTSVM 算法可以尽可能地确保得到更低的不确定数据集误分类概率。通过不确定数据集的矩信息将 FCC-LSTSVM 算法转化为二阶锥规划问题，同时也介绍了二阶锥规划的对偶性质。然后，我们通过计算对偶问题，得到了双平面。此外，还通过人工数据和真实数据，检验 FCC-LSTSVM 算法的性能。在未来的研究中，如何进一步提高算法的预测精度会是研究工作的重点。

5　基于百度指数的沪深 300 指数波动率预测研究

在前文的文献述评中,"投资者关注度"这个概念被反复提到,然而投资者关注度在学术上并没有确定的概念。在实际的应用中,一般是以金融市场参与者在百度或谷歌等搜索引擎上获取的单只股票、一类股票(IPO 股票)等搜索量,或超额收益[1][2]、广告费用支出[3][4]、新闻媒体报道数量[5][6][7]、股票换手

①　HOU K, XIONG W, PENG L. A Tale of Two Anomalies: The Implication of Investor Attention for Price and Earnings Momentum [J]. Social Science Electronic Publishing, 2009, 45: 416-418.

②　BRAD M. Barber, Terrance Odean. All That Glitters: The Effect of Attention and News on the Buying Behavior of Individual and Institutional Investors [J]. The Review of Financial Studies, 2008, 21 (2): 785-818.

③　GRULLON G, KANATAS G, WESTON J P. Advertising, Breadth of Ownership, and Liquidity [J]. Social Science Electronic Publishing, 2002, 17 (2): 439-461.

④　LIAO T L, SUNG H C, YU M T. Advertising and Investor Recognition of Banking Firms: Evidence from Taiwan [J]. Emerging Markets Finance & Trade, 2016, 52 (4): 812-824.

⑤　SHYNKEVICH Y, MCGINNITY T M, COLEMAN S, et al. Stock price prediction based on stock-specific and sub-industry-specific news articles [C]. International Joint Conference on Neural Networks. IEEE, 2015: 1-8.

⑥　YU YUAN. Market-wide attention, trading, and stock returns [J]. Journal of Financial Economics, 2015, 116 (3): 548-564.

⑦　HIRSHLEIFER D, TEOH S H. Limited attention, information disclosure, and financial reporting [J]. Journal of Accounting & Economics, 2003, 36 (1-3): 337-386.

率①②、股票交易量③等，作为反映投资者对单只股票、一类股票（IPO 股票）的关注程度，并以此定义投资者关注度。本章通过数据分析后发现，互联网使用者在移动端与 PC 端的搜索行为上存在异质性的同时，注意力集中度也存在着异质性。

5.1　百度指数预测金融市场波动路径分析

达等（Da et al.）（2011）指出，若要使用投资者关注作为代理变量，必须满足投资者的关注是代理变量反映现象的原因的假设。使用股票换手率、股票交易量或超额收益作为代理变量时，会面临极其严格的假设：投资者了解到了个股的异常波动或异常交易，阅读到了报纸或网络上关于个股的新闻、广告等。因此，使用股票本身的价格特征及交易特征作为代理变量来代表投资者关注，偏差较大，降低了研究的科学性。

随着信息技术的发展，现实世界可获取、储存、处理的数据呈爆炸式增长，如微博或推特中的文本数据、高分辨率图像数据、气候数据、金融数据等。这些以高维、非结构化形式呈现的数据，将知识和数据的规律隐藏，使人们难以直观观测到数据间的内在关系，加之处理此类数据的技术发展相对滞后，使我们常常处在"数据爆炸，缺乏知识"的状态。互联网技术的进步，伴随存储技术的发展，使得互联网使用者在互联网的搜索痕迹被数字化保留。在 3.2 的综述中，我们可以发现，越来越多的研究人员使用股票代码的搜索量代表投资者对股票的关注程度。他们普遍认为，使用百度指数对股票代码或使用谷歌趋势对股票简称进行的搜索行为，一定代表了投资者对某一股票的关注。其中达等（Da et al.）（2011）发现使用谷歌趋势作为投资者关注的代理变量时，与股票本身的价格特征及交易特征作为代理变量的相关度较低，意味着使用谷歌趋势搜索量作为代理变量时与传统代理变量不同，同时能够反映随

① 林虎，孙博，刘力. 换手率波动、转售期权与股票横截面收益率 [J]. 金融研究，2013（12）：181-193.

② 姚颐，刘志远. 震荡市场、机构投资者与市场稳定 [J]. 管理世界，2008（8）：22-32.

③ SIMON GERVAIS, TERRANCE ODEAN. Learning to Be Overconfident [J]. The Review of Financial Studies, 2001, 14（1）：1-27.

时间变化的投资者关注度。俞庆进等（2012）指出，使用百度指数作为投资者关注的代理变量，能够反映投资者对某股票的关注程度，同时百度指数与某股票的市场表现紧密联系。

从传统的上市公司财务指标或市场表现指标到网络搜索量指标，学术界对投资者关注代理变量的探索及广泛且有效的应用①，对本书的研究具有导向作用。股票价格的波动反映了投资者的交易行为，市场中的信息影响着股市参与者的决策，因此，投资者必须首先关注市场信息，对信息进行判断后，进而影响自己的投资决策。在信息被大量制造、传播的时代，过多的信息资源导致了投资者对信息关注的匮乏，加之散户投资者对信息的加工处理能力较弱，获取信息中有效的资源更加困难②。因此，前文中有的研究选用新闻数量作为投资者关注的代理变量，笔者认为是不完善的。

杨欣等（2013）以事件（"7·23"甬温线特别重大铁路交通事故）为研究的切入点，考察了网络搜索数量与中国股市中动车版块波动之间的关系及影响强度。谢世宏（2012）利用百度指数搜索量数据，将其应用于金融领域研究，发现股市流动性变化可以由投资者对信息的关注产生，且沪深两市波动情况及收益率与投资者关注间的关系存在差异。张崇等（2012）以均衡价格理论为基础，将反映宏观、微观关键词的搜索量数据分别定义为宏观经济形势指数及供求指数，考察了基于互联网搜索量与居民消费价格指数（CPI）之间的关系。张伟（2015）使用微博中有关股票市场的信息，将社交媒体信息强度与情感加入股市价格波动预测中，对股票市场波动进行了研究。董倩等（2014）基于百度指数，对中国16个一二线城市的二手房及新房价格走势较好地进行了预测，此外，文章还比较了SVM、线性回归、随机森林等方法的预测误差。

从以上研究我们可以发现，搜索引擎记录下的互联网使用者的搜索行为，可以映射出互联网使用者投资、消费等经济行为的内在诉求。因此，我们可以假设网络搜索行为与互联网使用者的经济行为紧密相关，使用网络搜索数据，可以对金融市场波动进行有效预测，这些行为的逻辑框架如图5-1所示。

---

① 刘先伟.关注异质性与媒体效应对股票市场的影响研究［D］.哈尔滨：哈尔滨工业大学，2016：17，24.

② 权小锋，吴世农.投资者关注、盈余公告效应与管理层公告择机［J］.金融研究，2010（11）：90-107.

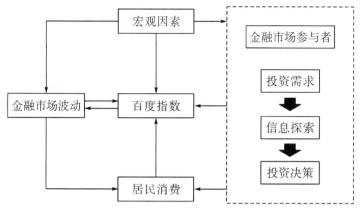

图 5-1　逻辑框架

互联网使用者不仅包括金融市场的直接参与者，还包括金融市场的间接参与者。当互联网使用者对与宏观经济政策、居民消费相关的词汇进行搜索时，可以断定的是，一部分搜索量贡献是由金融市场直接参与者贡献的，这部分会直接反映到金融市场的波动中；另一部分搜索量是由金融市场间接参与者贡献的，由于本书有居民消费的关键词选取，这部分搜索量也会以某种形式进入金融市场波动中。简言之，互联网使用者的搜索行为反映了互联网使用者的消费、投资、交易意图，会映射至其日常生活中的行为。

金融数据有数据规模大、结构复杂、维数高、价值密度低等特点。2008年图灵奖获得者约翰·霍普克罗夫特（John Hopcroft）在 FAW 2008 会议的特邀报告上指出：高维数据的降维理论是支撑未来计算机科学发展的主要理论之一。因此，将复杂纷繁的高维金融观测数据转换成低维表示，并获取其内蕴结构，更加客观和科学地认识金融市场，是数据挖掘领域的重要课题。普里斯等（Pries et al.）（2013）使用谷歌趋势数据，对自 2004 年 1 月至 2012 年 2 月的 98 个关键词搜索量进行研究，发现其选取关键词的谷歌趋势搜索量不仅仅反映了当前的经济运行状况，还会对宏观经济未来的走势提供参考。他们的研究还发现，在道琼斯指数下跌前，其选取关键词的谷歌趋势搜索量是增加的，同时，关键词的谷歌趋势搜索量数据作为警示信息，可能已经用于构建可获利的交易策略中。因此，由于互联网使用者与互联网之间的互动而产生的大量新数据源，可以为市场参与者在市场剧烈波动期间提供一个新的观察视角。他们的研究通过分析谷歌趋势搜索量中与金融相关的关键词的搜索量变化，可以将其认为是股票市场走势的早期预警信号。结合微观的行为数据集，人们可以更好地理解集体行为。

由于中文的信息密集度高于所有字母语言①，以"利润"一词为例，英文就有"profit（s）""margin（s）""return（s）""gain（s）""earning（s）"五种常用表述，而中文对利润的表述仅有一种。因此，若在汉语语境下，使用百度指数对沪深 300 指数波动进行预测时，并不需要选取过多的关键词。孟雪井等（2016）对知网中 CSSCI 期刊和新浪微博话题使用文本挖掘技术，结合百度指数关键词推荐系统，确定了我国投资者网络搜索初始关键词；同时，使用相关系数法、随机森林算法对初始关键词进行筛选，得到最佳的反映我国投资者搜索行为的关键词词库②。本书需要验证的假设一：与宏观经济、居民消费相关关键词的百度指数，能够有效预测金融市场波动。

5.2　实验设计

5.2.1　数据来源

通过参考普里斯等（Pries et al.）（2013）、达等（Da et al.）（2015）及孟雪井等（2016）的研究成果，以及佩莱格里诺（Pellegrino）（2011）中汉语语意信息高于字母语言的结论，本书选取了 28 个与宏观经济、居民消费相关关键词的百度指数，如表 5-1 所示。使用选取的 28 个关键词的日搜索量，探索其与沪深 300 指数波动之间的关系，检验 ISOMAP-FCC-LSTSVM 混合算法、FCC-LSTSVM 算法、SVM 算法、GARCH 算法的算法精度。

表 5-1　关键词选取

分类	关键词
宏观经济	财政收入 金融投资 经济 通货膨胀 利润 保险 债券

---

①　PELLEGRINO F, COUPÉ, CHRISTOPHE, MARSICO E. Across-Language Perspective on Speech Information Rate [J]. Language, 2011, 87（3）：539-558.

②　孟雪井，孟祥兰，胡杨洋. 基于文本挖掘和百度指数的投资者情绪指数研究 [J]. 宏观经济研究，2016（1）：144-153.

表5-1(续)

分类	关键词
居民消费	旅行 买汽车 奢侈品 机票 结婚 信用卡 教育 贷款
金融市场	股票 银行 金融衍生品 增长 广告
大额消费品	房地产 写字楼 汽车金融
负面关键词	反腐 杠杆 危机 负债 违约

百度指数提供关键词搜索量的分时数据、日数据、周数据,当搜索周期大于12个月时,百度指数返回关键词的周搜索数据。图5-2为"股票"的百度指数实例,PC端搜索量起始时间为2006年6月1日,移动端搜索量起始时间为2011年1月1日。图5-2左下角部分,有水印"@index.baidu.com"①,本研究需要使用28个关键词的日数据,百度指数不提供任何格式的下载,因此在获取时,作者编写了基于Python3的图片识别程序,横坐标代表日期,纵坐标代表搜索量,对所选取的关键词百度指数进行抓取。由于水印的存在,在跨度为12个月时,百度指数会将水印处代表的横纵坐标识别为搜索量,会有5%左右的识别误差。对误差部分,作者对每个关键词进行了手工对照修正。

---

① 本书完成时,水印位置和纵坐标位置都发生了变化,其中,水印位置移至了右下角,纵坐标(关键词搜索量)移至了左侧,且纵坐标刻度在整幅图内侧。

图 5-2 "股票"的百度指数

2012 年是中国移动互联网用户爆发式增长的一年，移动网络从 3G 向 4G 升级，移动设备用户数超越台式电脑用户数，移动应用数量成倍增长，整个移动互联网行业呈现蓬勃发展态势；截至 2012 年 12 月底，我国手机网民规模为 4.2 亿，在整体网民中占比 74.5%[①]。到 2017 年年底，我国手机网民规模达 7.53 亿，网民中使用手机上网人群的占比由 2016 年的 95.1% 提升至 97.5%；台式电脑、笔记本电脑、平板电脑的使用率均出现下降，手机不断挤占其他个人上网设备的使用空间[②]。因此，在对 28 个关键词搜索量进行收集时，应加入移动端搜索量，以研究移动端搜索量与沪深 300 指数波动之间的关系。数据规模上，PC 端关键词搜索量的收集时间跨度为 2006 年 6 月 1 日至 2017 年 10 月 29 日，移动端时间跨度为 2011 年 1 月 1 日至 2017 年 10 月 29 日。

本书将基于瑞思数据库（RESSET）的沪深 300 指数，包括开盘价、收盘价、最高价和最低价，使用 28 个关键词搜索量数据预测沪深 300 指数波动。每日收益 r_t 为日收盘价的自然对数，同时，我们将日波动率 δ_t，使用每日开盘

---

① 资料来源：中国互联网络信息中心《2012 年中国移动互联网发展状况统计报告》。

② 资料来源：中国互联网络信息中心第 41 次《中国互联网络发展状况统计报告》。

价、收盘价、最高价和最低价，做如下运算后得到①：

$$u_t = \log \frac{Hi_t}{Op_t}, \quad d_t = \log \frac{Lo_t}{Op_t}, \quad c_t = \log \frac{Cl_t}{Op_t} \qquad (5-1)$$

$$\delta_t = 0.511(u_t - d_t)^2 - 0.019[c_t(u_t + d_t) - 2u_t d_t] - 0.383c_t^2 \qquad (5-2)$$

其中，Op_t 代表每日开盘价，Cl_t 代表每日收盘价，Hi_t 代表每日最高价，Lo_t 代表每日最低价。对波动率进行如此定义，M B Garman 和 M J Klass（1980）认为，这在所有的二次方程的组合中是误差最小，效果最佳的计算方法。

5.2.2 描述性统计与相关性分析

从上节的内容中可以知道，对 28 个关键词的收集包括两类，PC 端和移动端。表 5-2 和表 5-3 分别为 PC 端和移动端关键词搜索量的描述性统计。

表 5-2　PC 端关键词搜索量描述性统计

Variable	Obs	Mean	Std. Dev.	Min	Max
保险	4 169	1 790.335	934.177 1	83	11 030
财政收入	4 169	156.681 4	54.402 96	60	668
贷款	4 169	1 939.062	1 030.054	300	11 453
反腐	4 169	375.214	319.332	64	2 692
房地产	4 169	2 037.044	826.652 3	459	10 601
负债	4 169	73.737 59	101.296 9	72	589
杠杆	4 169	306.166 7	185.575 5	59	1 983
股票	4 169	15 939.06	2 951.57	1 033	526 884
广告	4 169	2 479.573	3 722.412	386	47 589
机票	4 169	11 483.03	6 708.205	1 925	51 158
教育	4 169	1 363.662	822.237 4	209	9 440
结婚	4 169	1 337.267	647.015 2	383	7 066
金融投资	4 169	193.806 7	143.858	61	1 189
金融衍生品	4 169	113.329 3	79.268 23	61	425
经济	4 169	827.982 6	209.829	243	2 175

---

① GARMAN M B, KLASS M J. On the Estimation of Security Price Volatilities from Historical Data [J]. Journal of Business, 1980, 53 (1)：67-78.

表5-2（续）

Variable	Obs	Mean	Std. Dev.	Min	Max
利润	4 169	266. 211 5	121. 015 4	64	950
旅行	4 169	846. 221 9	391. 724 9	310	10 252
买汽车	4 169	103. 091 9	44. 695 51	59	322
汽车金融	4 169	154. 624 3	105. 384 5	58	605
奢侈品	4 169	1 507. 518	4 018. 955	130	52 616
通货膨胀	4 169	868. 697 8	513. 186 1	110	11 030
危机	4 169	194. 725 5	78. 341 09	65	892
违约	4 169	95. 221 21	46. 645 71	57	2 702
写字楼	4 169	496. 147 9	193. 614 9	80	1 085
信用卡	4 169	3 504. 221	2 478. 43	356	17 605
银行	4 169	1 696. 533	563. 979 1	482	6 086
增长	4 169	132. 518 2	65. 273 57	60	836
债券	4 169	286. 460 8	366. 236 7	176	2 799

表 5-3 移动端关键词搜索量描述性统计

Variable	Obs	Mean	Std. Dev.	Min	Max
保险	2 494	2 226. 659	1 161. 403	428	6 177
财政收入	2 494	181. 48	142. 334 6	63	2 554
贷款	2 494	5 370. 515	3 293. 463	476	40 259
反腐	2 494	832. 592 6	987. 645 9	61	34 762
房地产	2 494	1 420. 756	702. 025 3	330	5 513
负债	2 494	235. 634 7	87. 755 86	70	918
杠杆	2 494	327. 887 3	236. 724	60	1 810
股票	2 494	14 180. 85	2 084. 99	1 783	237 727
广告	2 494	982. 125 1	296. 551 5	63	2 774
机票	2 494	13 565. 16	6 400. 146	1 731	35 307
教育	2 494	905. 728 5	170. 584 4	348	2 388
结婚	2 494	1 765. 723	793. 814 7	849	6 221
金融投资	2 494	446. 523 2	456. 152 9	59	7 750

表5-3(续)

Variable	Obs	Mean	Std. Dev.	Min	Max
金融衍生品	2 494	171. 267 4	84. 468 16	58	935
经济	2 494	1 087. 131	325. 337 8	572	2 165
利润	2 494	387. 899 4	170. 987 4	69	1 038
旅行	2 494	958. 087	537. 043 3	59	13 968
买汽车	2 494	135. 820 3	44. 027 15	58	334
汽车金融	2 494	136. 607 3	60. 275 37	58	412
奢侈品	2 494	904. 366 5	268. 108 3	166	4 953
通货膨胀	2 494	1 237. 385	471. 263 2	308	6 079
危机	2 494	195. 070 2	97. 200 72	60	1 254
违约	2 494	119. 850 7	56. 693 88	57	570
写字楼	2 494	400. 543 7	664. 802 7	76	28 720
信用卡	2 494	7 677. 491	3 688. 813	452	28 668
银行	2 494	1 734. 799	592. 687 4	582	5 305
增长	2 494	153. 530 1	69. 496 92	63	689
债券	2 494	593. 301 1	368. 732 4	69	1 917

如表5-2和表5-3所示，由于百度指数所提供数据的特点，PC端和移动端的观察数量分别为4 169个和2 494个。通过对平均值一列的数据进行比较，我们可以发现，PC端关键词搜索量平均数明显高于移动端关键词搜索量的有："房地产""股票""广告""奢侈品""写字楼"。其中，关键词"买汽车"的PC端搜索量、移动端搜索量的平均值分别为103.09、135.82；"汽车金融"的PC端搜索量、移动端搜索量的平均值分别为154.62、136.61。

虽然中国互联网络信息中心在第41次《中国互联网络发展状况统计报告》中指出，手机不断挤占台式电脑、笔记本电脑、平板电脑等其他上网设备的使用，且使用手机上网的人数的占比达到了97.5%。但是，通过比较表5-2和表5-3，我们可以发现：当互联网使用者对需要花费大量金钱，需要慎重决策的消费品、投资品进行了解或消费时，例如房产、写字楼、汽车、奢侈品等，更倾向于使用PC端进行搜索，进而对数据和情报进行信息收集。

为了进一步验证上述想法，我们对与移动端同期的PC端关键词搜索量做了描述性统计，如表5-4所示：

表 5-4　与移动端同期的 PC 端关键词搜索量描述性统计

Variable	Obs	Mean	Std. Dev.	Min	Max
保险	2 494	1 796.997	1 110.101	83	9 525
财政收入	2 494	174.580 2	52.460 42	63	668
贷款	2 494	2 453.838	949.735 7	437	11 453
反腐	2 494	522.798 3	338.390 7	99	2 692
房地产	2 494	1 739.591	639.226 2	459	4 969
负债	2 494	225.136 7	44.016 66	72	589
杠杆	2 494	398.116 3	179.814 4	95	1 983
股票	2 494	15 519.16	3 725.96	1 033	526 884
广告	2 494	1 474.204	514.096 9	386	3 565
机票	2 494	14 048.25	7 313.944	1 925	51 158
教育	2 494	981.964 3	233.104 7	209	2 130
结婚	2 494	1 439.937	779.656 7	383	7 066
金融投资	2 494	249.172 8	132.531 2	61	1 189
金融衍生品	2 494	159.99	40.970 52	61	425
经济	2 494	746.739 4	153.821 7	243	1 336
利润	2 494	320.506 4	117.906 9	76	950
旅行	2 494	1 042.797	314.787 6	468	10 252
买汽车	2 494	114.628 3	38.626 81	59	322
汽车金融	2 494	216.65	83.266 25	72	605
奢侈品	2 494	2 107.175	5 106.368	228	52 616
通货膨胀	2 494	906.204 5	359.053 4	200	7 187
危机	2 494	212.324 4	75.900 47	87	892
违约	2 494	100.054 9	55.906 61	0	2 702
写字楼	2 494	566.926 6	183.986 3	91	1 085
信用卡	2 494	4 700.939	2 501.312	900	17 605
银行	2 494	1 846.781	609.838 5	482	6 086
增长	2 494	130.792 3	32.786 2	66	354
债券	2 494	664.964 3	196.603 9	176	2 799

通过对表 5-3 和表 5-4 的比较，可以发现，关键词"买汽车"的 PC 端搜索量低于移动端搜索量的均值，"房地产""股票""广告""奢侈品""写字楼"

等关键词依然是 PC 端平均搜索量高于移动端平均搜索量。关键词"股票"，PC 端和移动端搜索量的均值分别为 15 519.16、14 180.85，在说明移动端互联网使用者数量巨大的同时，再次印证了当互联网使用者需要了解具有风险的金融市场或金融产品，及需要了解大额消费品时，为了慎重决策，会更倾向于使用 PC 端对数据和情报进行搜集。

通过比较上述三个表关键词搜索量的均值，可以得到一个结论：移动端与 PC 端互联网使用者在搜索行为上存在异质性。互联网使用者对涉及金融市场、金融产品、房地产、汽车等，需要其"严肃""慎重"对待的领域时，会更加倾向于使用 PC 端进行知识获取和信息搜集；而对宏观经济、居民一般消费品以及一些负面词汇，会更加倾向于使用移动端设备，利用碎片化时间进行知识获取和信息搜集。这一结论有悖于移动设备迅猛发展的现实，也有悖于因此而产生的直觉认识。进而，我们自然地会提出一个问题，使用 PC 端关键词搜索量预测沪深 300 指数波动的准确性，与移动端关键词搜索量预测沪深 300 指数波动的准确性相比，会有怎样的结果。在本章的下一节中，会对这个问题进行深入研究。

此外，我们对 PC 端和移动端关键词，分别做了相关性分析，报告如表 5-5(1)~表 5-5(4)、表 5-6(1)~表 5-6(4)所示：

表 5-5(1)　PC 端关键词搜索量相关性分析（1）

	保险	财政收入	贷款	反腐	房地产	负债	杠杆
保险	1						
财政收入	0.257***	1					
贷款	0.179***	0.576***	1				
反腐	0.085***	0.172***	0.361***	1			
房地产	0.315***	0.052***	-0.008	-0.384***	1		
负债	-0.121***	0.110***	0.379***	0.737***	-0.409***	1	
杠杆	0.081***	0.358***	0.616***	0.477***	-0.198***	0.579***	1
股票	0.059***	0.077***	0.194***	0.122***	0.119***	0.134***	0.439***
广告	0.070***	0.086***	-0.028*	-0.189***	0.157***	-0.233***	-0.050***
机票	0.100***	0.484***	0.458***	0.228***	-0.062***	-0.005	0.301***
教育	0.198***	-0.235***	-0.343***	-0.351***	0.578***	-0.377***	-0.360***
结婚	0.178***	0.412***	0.353***	-0.188***	0.102***	-0.292***	0.045***

表5-5(1)(续)

	保险	财政收入	贷款	反腐	房地产	负债	杠杆
金融投资	0.062***	0.222***	0.474***	0.467***	-0.221***	0.607***	0.556***
金融衍生品	0.082***	0.583***	0.659***	0.360***	-0.214***	0.330***	0.562***
经济	0.276***	0.101***	0.061***	-0.392***	0.584***	-0.462***	-0.181***
利润	0.609***	0.553***	0.547***	0.462***	-0.042***	0.285***	0.477***
旅行	-0.021	0.321***	0.542***	0.413***	-0.293***	0.414***	0.486***
买汽车	0.042***	0.344***	0.418***	0.161***	-0.176***	0.069***	0.381***
汽车金融	0.095***	0.415***	0.641***	0.611***	-0.352***	0.750***	0.767***
奢侈品	0.114***	0.163***	0.177***	-0.057***	0.063***	-0.101***	0.084***
通货膨胀	0.408***	0.368***	0.242***	0.115***	0.111***	-0.007	0.198***
危机	0.110***	0.400***	0.447***	0.002	-0.079***	-0.018	0.294***
违约	0.133***	0.244***	0.218***	0.078***	0.066***	0.063***	0.177***
写字楼	0.262***	0.462***	0.686***	0.331***	0.187***	0.413***	0.606***
信用卡	0.512***	0.365***	0.473***	0.670***	-0.255***	0.451***	0.477***
银行	0.282***	0.579***	0.548***	0.056***	0.236***	-0.090***	0.234***
增长	0.140***	0.084***	0.051***	0.002	0.180***	0.040***	0.076***
债券	-0.151***	0.174***	0.400***	0.684***	-0.421***	0.853***	0.619***

注:***、**、*分别表示在1%、5%、10%水平下显著。

表5-5(2)　PC端关键词搜索量相关性分析(2)

	股票	广告	机票	教育	结婚	金融投资	金融衍生品
股票	1						
广告	0.041***	1					
机票	0.279***	-0.01	1				
教育	0.141***	0.056***	-0.251***	1			
结婚	-0.051***	0.153***	0.342***	-0.156***	1		
金融投资	0.221***	-0.129***	0.083***	-0.358***	0.060***	1	
金融衍生品	0.001	0.103***	0.545***	-0.582***	0.394***	0.315***	1
经济	0.120***	0.148***	-0.027*	0.446***	0.137***	-0.131***	-0.281***
利润	0.035**	0.019	0.431***	-0.250***	0.244***	0.311***	0.628***

表5-5(2)(续)

	股票	广告	机票	教育	结婚	金融投资	金融衍生品
旅行	0.02	-0.053 ***	0.404 ***	-0.516 ***	0.136 ***	0.332 ***	0.573 ***
买汽车	0.401 ***	0.076 ***	0.557 ***	-0.370 ***	0.302 ***	0.300 ***	0.414 ***
汽车金融	0.181 ***	-0.122 ***	0.285 ***	-0.552 ***	0.040 ***	0.673 ***	0.627 ***
奢侈品	0.003	-0.012	0.177 ***	-0.051 ***	0.277 ***	0.01	0.219 ***
通货膨胀	0.040 ***	0.239 ***	0.124 ***	-0.151 ***	0.218 ***	0.151 ***	0.351 ***
危机	0.078 ***	0.039 **	0.318 ***	-0.308 ***	0.519 ***	0.214 ***	0.385 ***
违约	0.082 ***	0.034 **	0.113 ***	-0.001	0.125 ***	0.126 ***	0.197 ***
写字楼	0.302 ***	-0.036 **	0.304 ***	-0.090 ***	0.239 ***	0.560 ***	0.448 ***
信用卡	0.052 ***	-0.096 ***	0.397 ***	-0.383 ***	0.065 ***	0.380 ***	0.533 ***
银行	0.180 ***	0.094 ***	0.656 ***	0.053 ***	0.415 ***	0.008	0.497 ***
增长	0.149 ***	-0.003	-0.036 **	0.315 ***	0.118 ***	0.284 ***	-0.093 ***
债券	0.140 ***	-0.242 ***	0.152 ***	-0.400 ***	-0.127 ***	0.607 ***	0.396 ***

注: ***、**、* 分别表示在1%、5%、10%水平下显著。

表 5-5(3)　PC 端关键词搜索量相关性分析（3）

	经济	利润	旅行	买汽车	汽车金融	奢侈品	通货膨胀
经济	1						
利润	-0.062 ***	1					
旅行	-0.216 ***	0.390 ***	1				
买汽车	0.041 ***	0.226 ***	0.229 ***	1			
汽车金融	-0.303 ***	0.565 ***	0.606 ***	0.337 ***	1		
奢侈品	0.054 ***	0.185 ***	0.099 ***	0.163 ***	0.063 **	1	
通货膨胀	0.125 ***	0.460 ***	0.091 ***	0.267 ***	0.213 ***	0.088 ***	1
危机	0.174 ***	0.283 ***	0.305 ***	0.428 ***	0.328 ***	0.295 ***	0.199 ***
违约	0.130 ***	0.236 ***	0.101 ***	0.129 ***	0.159 ***	0.110 ***	0.157 ***
写字楼	0.209 ***	0.501 ***	0.429 ***	0.284 ***	0.637 ***	0.134 **	0.197 ***
信用卡	-0.226 ***	0.834 ***	0.450 ***	0.279 ***	0.603 ***	0.110 ***	0.381 ***
银行	0.290 ***	0.499 ***	0.281 ***	0.357 ***	0.159 ***	0.252 ***	0.242 ***

表5-5(3)（续）

	经济	利润	旅行	买汽车	汽车金融	奢侈品	通货膨胀
增长	0.193***	0.079***	-0.142***	-0.017	-0.007	0.002	0.025
债券	-0.420***	0.332***	0.482***	0.111***	0.760***	-0.100***	-0.009

注：***、**、*分别表示在1%、5%、10%水平下显著。

表 5-5(4)　PC端关键词搜索量相关性分析（4）

	危机	违约	写字楼	信用卡	银行	增长	债券
危机	1						
违约	0.160***	1					
写字楼	0.337***	0.251***	1				
信用卡	0.216***	0.125***	0.375***	1			
银行	0.368***	0.253***	0.465***	0.321***	1		
增长	0.008	0.131***	0.267***	-0.045***	0.178***	1	
债券	0.082***	0.091***	0.496***	0.458***	0.008	0.109***	1

注：***、**、*分别表示在1%、5%、10%水平下显著。

表 5-6(1)　移动端关键词搜索量相关性分析（1）

	保险	财政收入	贷款	反腐	房地产	负债	杠杆
保险	1						
财政收入	0.244***	1					
贷款	0.447***	0.321***	1				
反腐	0.038*	0.069***	0.281***	1			
房地产	0.592***	0.177**	0.714***	0.275***	1		
负债	0.544***	0.299***	0.655***	0.153***	0.602***	1	
杠杆	0.469***	0.248***	0.709***	0.188***	0.640***	0.649***	1
股票	0.121***	-0.003	0.291***	0.186***	0.210***	0.220***	0.563***
广告	0.566***	0.137***	0.544***	0.121***	0.655***	0.60***	0.623***
机票	0.040**	0.112***	0.528***	0.455***	0.418***	0.272***	0.341***
教育	0.457***	0.207***	0.548***	0.148***	0.496***	0.636***	0.682***
结婚	0.311***	0.226***	0.676***	0.249***	0.557***	0.425***	0.592***
金融投资	0.366***	0.127***	0.555***	0.150***	0.507***	0.479***	0.596***

表5-6(1)(续)

	保险	财政收入	贷款	反腐	房地产	负债	杠杆
金融衍生品	0.275***	0.537***	0.489***	0.062***	0.212***	0.420***	0.276***
经济	0.200***	0.531***	0.359***	0.006	0.057***	0.225***	0.118***
利润	0.757***	0.374***	0.245***	0.071***	0.258***	0.463***	0.280***
旅行	0.283***	0.077***	0.425**	0.180***	0.347***	0.351***	0.379***
买汽车	0.349***	0.158***	0.714***	0.359***	0.704***	0.501***	0.633***
汽车金融	0.522***	0.272***	0.825***	0.245***	0.738***	0.761***	0.763***
奢侈品	0.420***	0.145***	0.568***	0.217***	0.528***	0.457***	0.450***
通货膨胀	0.666**	0.294***	0.060***	-0.050**	0.118***	0.310***	0.146***
危机	0.231***	0.204***	0.513***	0.183***	0.379***	0.422***	0.593***
违约	0.200***	0.495***	0.494***	0.075***	0.196***	0.377***	0.263***
写字楼	0.175***	0.082***	0.226***	0.046**	0.178***	0.158***	0.269**
信用卡	0.717***	0.307***	0.698***	0.301***	0.642***	0.682***	0.647***
银行	0.369***	0.212***	0.828***	0.401***	0.703***	0.635***	0.728***
增长	0.185***	0.201***	0.500***	0.215***	0.351***	0.401***	0.570***
债券	0.430***	0.263***	0.745***	0.239***	0.580***	0.67***	0.825***

注:***、**、*分别表示在1%、5%、10%水平下显著。

表 5-6(2)　移动端关键词搜索量相关性分析（2）

	股票	广告	机票	教育	结婚	金融投资	金融衍生品
股票	1						
广告	0.135***	1					
机票	0.307***	0.333***	1				
教育	0.398***	0.537***	0.255***	1			
结婚	0.251***	0.385***	0.417***	0.423***	1		
金融投资	0.293***	0.420***	0.210***	0.425***	0.482***	1	
金融衍生品	0.029	0.242***	0.203***	0.322***	0.287***	0.141***	1
经济	-0.066***	0.091***	0.104***	0.170***	0.229***	0.040**	0.894***
利润	0.062***	0.348***	0.070***	0.391***	0.128***	0.180***	0.439***
旅行	0.185***	0.316***	0.369***	0.320***	0.370***	0.353***	0.148***
买汽车	0.287***	0.625***	0.673***	0.423***	0.653***	0.525***	0.203***

表5-6（2）（续）

	股票	广告	机票	教育	结婚	金融投资	金融衍生品
汽车金融	0.269***	0.661***	0.397***	0.593***	0.663***	0.629***	0.361***
奢侈品	0.119***	0.645***	0.647***	0.416***	0.357***	0.284***	0.273***
通货膨胀	−0.007	0.202***	−0.181***	0.266***	0.047**	0.073***	0.294***
危机	0.413***	0.301***	0.335***	0.500***	0.563***	0.351***	0.350***
违约	−0.026	0.227***	0.237***	0.264***	0.335***	0.138***	0.843***
写字楼	0.190***	0.142***	0.092***	0.212***	0.241***	0.163***	0.132***
信用卡	0.266***	0.593***	0.449***	0.588***	0.506***	0.515***	0.405***
银行	0.438***	0.546***	0.687***	0.607***	0.643***	0.557***	0.322***
增长	0.406***	0.276***	0.408***	0.497***	0.581***	0.341***	0.309***
债券	0.577***	0.474***	0.394***	0.694***	0.713***	0.562***	0.394***

注：***、**、*分别表示在1%、5%、10%水平下显著。

表5-6(3)　移动端关键词搜索量相关性分析（3）

	经济	利润	旅行	买汽车	汽车金融	奢侈品	通货膨胀
经济	1						
利润	0.379***	1					
旅行	0.077***	0.241***	1				
买汽车	0.079***	0.165***	0.494***	1			
汽车金融	0.192***	0.300***	0.421***	0.724***	1		
奢侈品	0.152***	0.355***	0.481***	0.606***	0.498***	1	
通货膨胀	0.285***	0.779***	0.086***	−0.052***	0.138***	0.135***	1
危机	0.236***	0.208***	0.283***	0.427***	0.516***	0.306***	0.131***
违约	0.833***	0.334***	0.150***	0.207***	0.354***	0.274***	0.200***
写字楼	0.119***	0.085***	0.104***	0.161***	0.221***	0.120***	0.084***
信用卡	0.280***	0.640***	0.489***	0.613***	0.733***	0.600***	0.437***
银行	0.156***	0.227***	0.482***	0.778***	0.787***	0.590***	0.023
增长	0.213***	0.151***	0.317***	0.445***	0.499***	0.303***	0.051**
债券	0.227***	0.298***	0.388***	0.598***	0.779***	0.397***	0.190***

注：***、**、*分别表示在1%、5%、10%水平下显著。

表 5-6(4)　移动端关键词搜索量相关性分析（4）

	危机	违约	写字楼	信用卡	银行	增长	债券
危机	1						
违约	0.339 ***	1					
写字楼	0.266 ***	0.119 ***	1				
信用卡	0.440 ***	0.363 ***	0.216 ***	1			
银行	0.564 ***	0.332 ***	0.213 ***	0.736 ***	1		
增长	0.620 ***	0.323 ***	0.261 ***	0.444 ***	0.582 ***	1	
债券	0.730 ***	0.361 ***	0.323 ***	0.652 ***	0.772 ***	0.710 ***	1

注：*** 、** 、* 分别表示在 1%、5%、10% 水平下显著。

通过表 5-5(1) ~ 表 5-5(4) 和表 5-6(1) ~ 表 5-6(4)，我们可以看到，关键词搜索量之间相关系数基本低于 0.8，说明关键词之间不存在较强的相关性。PC 端中"教育"与"金融衍生品""汽车金融"的相关系数均为 -0.55 左右；在移动端，"教育"与"金融衍生品"的相关系数为 0.322，与"汽车金融"相关系数为 0.593。这表明，PC 端互联网使用者与移动端互联网使用者，针对同样的关键词，其搜索行为、习惯存在着差异性。

PC 端数据中，与"房地产"相关度较高的关键词有"教育"（0.578）、"经济"（0.584）、"债券"（-0.421）；移动端中，与"房地产"相关度较高的关键词却变为了"负债"（0.602）、"杠杆"（0.64）、"广告"（0.655）、"教育"（0.496）、"结婚"（0.557）、"买汽车"（0.704）、"汽车金融"（0.738）、"信用卡"（0.642）、"银行"（0.703）、"债券"（0.58）等。这表明，相较于 PC 端互联网使用者，移动端互联网使用者的搜索倾向较为多样，存在注意力缺失的现象。

PC 端数据中，与"机票"相关度较高的关键词有"金融衍生品"（0.545）、"买汽车"（0.557）、"银行"（0.656）；移动端中，与"机票"相关度较高的关键词有"贷款"（0.528）、"买汽车"（0.673）、"奢侈品"（0.647）。这表明，在不需要互联网使用者严肃对待的领域，移动端与 PC 端互联网使用者的搜索行为存在着联系。

对以上几个关键词做简单的比较后，可以发现几个规律。第一，移动端关键词搜索量相关性普遍地高于 PC 端关键词搜索量相关性。第二，关键词"房地产"在 PC 端和与其有较强相关性的关键词，存在一定的内在搜索逻辑；但在移动端与"房地产"相关度较高的关键词，存在与 PC 端类似搜索逻辑的同时，和与其毫无逻辑联系的关键词之间，却存在较高的搜索行为上的相关性。

这在一定程度上可以说明，移动端与 PC 端互联网使用者之间注意力集中度存在异质性。在移动端进行关键词搜索获取信息的行为时，互联网使用者的搜索倾向比较发散，会对表面看来毫无关联的关键词同时做出搜索，移动端互联网使用者的注意力较为分散，获取信息进而做出决策的动机较低，如果使用移动端百度指数作为度量需要互联网使用者做出投资、大额消费等重大决策的代理变量时，可能会存在较大数据噪声，影响研究的精确度；而使用 PC 端进行搜索时，可以发现互联网使用者具有较强的目的性，对存在内在逻辑的关键词，其搜索的相关性也越高，PC 端互联网使用者倾向于采用精确搜索，尤其在需要互联网使用者慎重对待的领域，此种倾向表现得更为明显。

5.3 交易日百度指数与沪深 300 指数波动关系研究及算法比较

5.3.1 百度指数预处理方法及 FCC–LSTSVM 算法实现

从前文的综述中可以发现，投资者关注，即百度指数或谷歌趋势，对资产价格可以产生直接影响[1]，如对股票未来价格产生正向压力[2][3]、提高股票换手率[4][5]等。在本节，将基于 PC 端交易日的百度指数关键词搜索量，使用 ISOMAP–FCC–LSTSVM 混合算法、FCC–LSTSVM 算法、SVM 算法、GARCH 算法对沪深 300 指数波动率进行预测，比较各个算法的准确性。

---

[1] 宋双杰，曹晖，杨坤. 投资者关注与 IPO 异象：来自网络搜索量的经验证据 [J]. 经济研究，2011（s1）：145-155.

[2] 俞庆进，张兵. 投资者有限关注与股票收益：以百度指数作为关注度的一项实证研究 [J]. 金融研究，2012（8）：152-165.

[3] 张继德，廖微，张荣武. 普通投资者关注对股市交易的量价影响：基于百度指数的实证研究 [J]. 会计研究，2014（8）：52-59.

[4] 张继德，廖微，张荣武. 普通投资者关注对股市交易的量价影响：基于百度指数的实证研究 [J]. 会计研究，2014（8）：52-59.

[5] 汤祥凤. 有限关注与股票价格：基于百度指数作为有限关注的实证分析 [J]. 南京航空航天大学学报（社会科学版），2016，18（3）：27-31.

5.3.1.1 百度指数预处理方法

使用不同的观测间隔和标准化窗口对时间序列数据进行预处理时，可能会导致输入和输出之间的因果关系出现相应的差异。令 Δt 为观测间隔，d_i、h_i 与式（5-3）处含义一致：

$$r_i^{\Delta t} = \sum_{t=(i-1)\Delta t+1}^{i\Delta t} r_t \tag{5-3}$$

$$d_i^{\Delta t} = \frac{1}{\Delta t}\sum_{t=(i-1)\Delta t+1}^{i\Delta t} d_t \tag{5-4}$$

$$h_i^{\Delta t} = \sqrt{\sum_{t=(i-1)\Delta t+1}^{i\Delta t} h_t^2} \tag{5-5}$$

本书的目的是为了对沪深 300 指数的波动率进行预测，因此，我们定义下一期的波动率为 $Y^{\Delta t}$，则：

$$Y_i^{\Delta t} = \sigma_{i+1}^{\Delta t}$$

我们使用移动平均值对上述数据进行归一化处理，令 k 为返回窗口期，时间序列 Z 被标准化为 Z^k 时，我们的定义为

$$Z_i^k = \frac{Z_i - mean(Z_{i-k:\ i})}{std(Z_{i-k:\ i})}$$

对不同的 Δt 和 k 的组合，会有相应的观测区间及归一化方法且有其特定的预测能力。定义不同的 Δt 和 k 的组合下，$(\Delta t, k)$ 对应的归一化数据为 $(X^{\Delta t,\ k}, Y^{\Delta t,\ k})$。原则上，可以在每个方案上应用学习模型，并在验证集上评估预测的准确性，从而选择最佳方案。或者，可以建立信息度量来选择使该度量最大化的最优方案。

我们对互信息（mutual information）的内容进行简要的介绍。对任意离散的随机变量组合 (X, Y)，令 $p_{X,Y}$ 为 (X, Y) 的联合概率函数，同时，记 p_X 和 p_Y 分别为 X 和 Y 的边际概率函数。X 与 Y 的互信息可以被定义为：

$$MI(X, Y) = \sum_{x,y} p_{X,Y}(x, y)\log\frac{p_{X,Y}(x, y)}{p(x)p(y)} \tag{5-6}$$

假设在 $X^{\Delta t,\ k}$ 的输入变量之间是条件独立的，互信息可以分解为 $X^{\Delta t,\ k}$ 与 $Y^{\Delta t,\ k}$ 各分量之和。因此，我们选择 $(\Delta t, k)$ 去最大化：

$$MI(X^{\Delta t,\ k}, Y^{\Delta t,\ k}) := \sum_{i=1}^{n} MI(X^{i,\ \Delta t,\ k}, Y^{\Delta t,\ k}) \tag{5-7}$$

根据式（5-6），可以尝试选择使用时间序列 $\{X_j^{i,\,\Delta t,\,k},\ Y_j^{\Delta t,\,k}\}_{1\leqslant j\leqslant T}$，对 $MI(X^{i,\,\Delta t,\,k},\ Y^{\Delta t,\,k})$ 进行经验性的计算。但是，我们注意到 $\{X_j^{i,\,\Delta t,\,k},\ Y_j^{\Delta t,\,k}\}_{1\leqslant j\leqslant T}$ 中的值，当需要面对真实数据时，应该是唯一的才有意义。更具体地说：

$$X_j^{i,\,\Delta t,\,k} \neq X_l^{i,\,\Delta t,\,k},\ Y_j^{\Delta t,\,k} \neq Y_l^{\Delta t,\,k},\ j \neq l$$

然后对

$$MI(X^{\Delta t,\,k},\ Y^{\Delta t,\,k}) = n\log T$$

进行直接计算，此时只依赖于样本规模。因此，假如我们选取此种互信息计算方法，$X^{\Delta t,\,k}$ 与 $Y^{\Delta t,\,k}$ 之间的关系不能得到任何程度的解释。基于此，我们将数据分为小组，并将每组中的点作为一个点。更具体地说，如果 $(X_j,\ Y_j)_{1\leqslant j\leqslant T}$ 是规模为 T 的样本，令 $m_X = \min_j\{X_j\}$，$M_X = \max_j\{X_j\}$，$m_Y = \min_j\{Y_j\}$ 和 $M_Y = \max_j\{Y_j\}$。取正整数 N，将其设定为组编号。此时，将区间 $[m_X,\ M_X]$ 均匀地划分成 N 个子区间，$\{I_i\}_{1\leqslant i\leqslant N}$。进而，$I_i = [m_X + (i-1)\dfrac{M_X - m_X}{N},\ m_X +$

$(i-1)\dfrac{M_X - m_X}{N}]$，$1 \leqslant i \leqslant N-1$；$I_N = [\dfrac{m_X}{N} + \dfrac{N-1}{N}M_X]$。相应地，将区间 $[m_Y,\ M_Y]$ 均匀地划分成 N 个子区间，$\{J_i\}_{1\leqslant i\leqslant N}$。我们将边际函数定义为

$$P_X(i) = \frac{card\{m\colon X_m \in I_i\}}{T}$$

$$P_X(j) = \frac{card\{l\colon Y_l \in I_j\}}{T}$$

其中，$1 \leqslant i,\ j \leqslant N$。同时，定义联合分布函数为

$$P_{X,\,Y}(i,\ j) = \frac{card\{(m,\ l)\colon X_m \in I_i,\ Y_l \in I_j\}}{T},\ 1 \leqslant i,\ j \leqslant N$$

进而，我们定义了序列 $(X_j)_{1\leqslant j\leqslant T}$ 与 $(Y_j)_{1\leqslant j\leqslant T}$ 的互信息函数为

$$MI^N(X,\ Y) = \sum_{i,\,j} p_{X,\,Y}(i,\ j)\log\frac{p_{X,\,Y}(i,\ j)}{p_X(i)p_Y(j)} \tag{5-8}$$

此时我们注意到

$$\lim_{N\to\infty} MI^N(X,\ Y) = \log T$$

这意味着，对于 N 的选取不能过大。在本书的研究中，设置 $N = 100$。

图 5-3 展示了不同的互信息的组合（Δt，k）。可以清楚地看到，当 k 的取值在 5 附近时，互信息达到最大值。另外，一个很显然的现象是观测间隔 Δt 越长，互信息越大。但受限于样本规模，Δt 的选取不能过大。为了保留充足的样本量，在下文的运算中，选取 $\Delta t = 5$，$k = 5$。$\Delta t = 5$ 意味着使用前五天的搜索量信息和波动率，对后一天波动率进行估计，这也是选取 5 的考虑因素之一。训练集为数据整体的 80%，测试集为 20%。

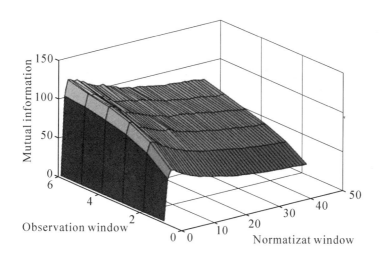

图 5-3　不同观测长度及归一化窗口的比较

图 5-4、图 5-5、图 5-6、图 5-7 报告的是选取的 PC 端、移动端关键词"股票""房地产"的搜索量与沪深 300 指数波动率在不同时间段内相关性的折线图的可视化结果：

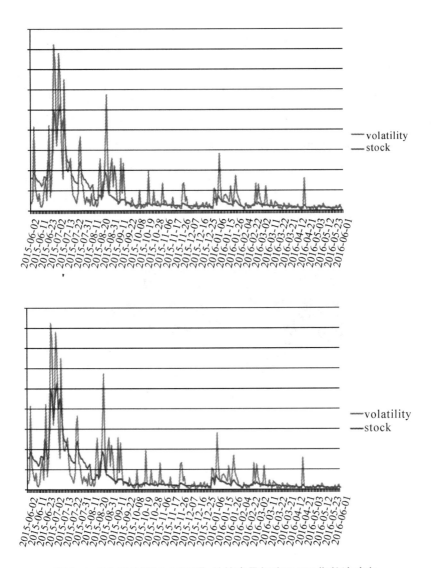

图 5-4 PC 端关键词"股票"的搜索量与沪深 300 指数波动率

模糊机会约束最小二乘双支持向量机算法及其在金融市场应用的研究

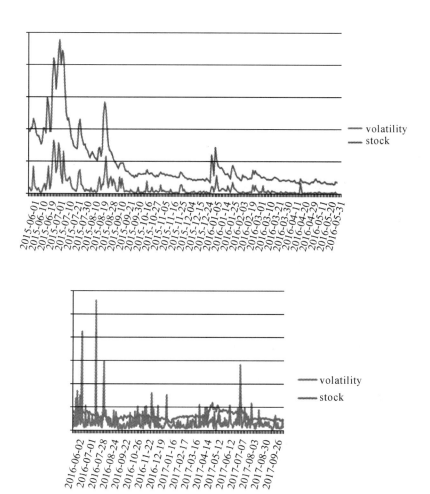

图 5-5　移动端关键词"股票"的搜索量与沪深 300 指数波动率

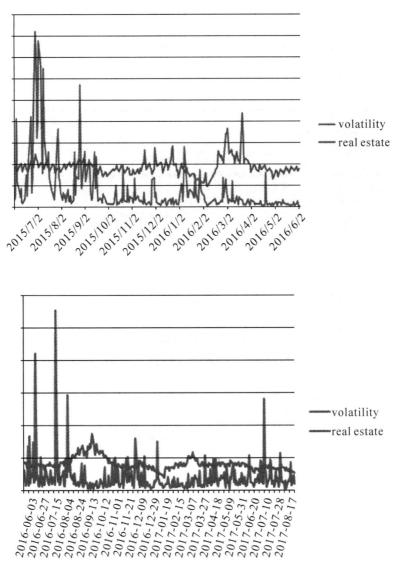

图 5-6　PC 端关键词 "房地产" 的搜索量与沪深 300 指数波动率

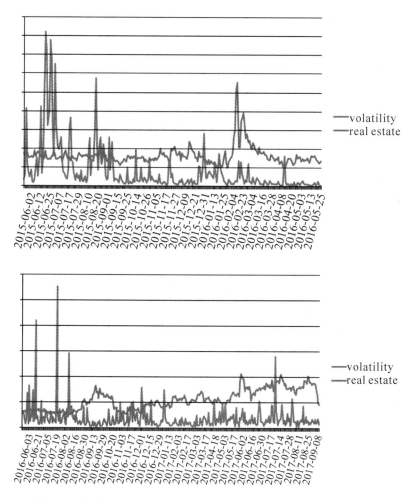

图 5-7　移动端关键词"房地产"的搜索量与沪深 300 指数波动率

可以直观地看到，关键词搜索量与沪深 300 指数波动率具有一定的相关性，搜索量的变化能够随着波动率的变化而变化，PC 端的折线图直观结果要好于移动端。其中，关键词"股票"与沪深 300 指数波动的关系较为明显，关键词"房地产"与沪深 300 指数波动的关系不强。因此，通过简单的可视化结果可以发现，使用某些百度关键词搜索量的变化，对沪深 300 指数的波动进行预测是可行的，而对于某些关键词而言，其搜索量的变化与沪深 300 指数的波动相关性不强，甚至可能是完全不相关的。

5.3.1.2　FCC-LSTSVM 的算法形式化描述

当目标数据集的特征为线性不可分时，核函数的选取对支持向量机的性能精度有决定性作用。在特征空间中，划分超平面的模型可以表示为：$f(x) = w^t\varphi(x) + b$，其中 $\varphi(x)$ 为特征向量，映射后的数据有

$$\min_{w,b} \frac{1}{2} \parallel w \parallel^2$$

$$s.t. \ y_i(w^t\varphi(x_i) + b) \geqslant 1, \ i = 1, 2, 3, \cdots, m$$

转化为对偶问题：

$$\min_{\alpha} \frac{1}{2}\sum_{i=1}^{m}\sum_{j=1}^{m}\alpha_i\alpha_j y_i y_j \varphi\ (x_i)^T\varphi(x_j) - \sum_{i=1}^{m}\alpha_i$$

$$s.t. \ \sum_{i=1}^{m}\alpha_i y_i, \ \alpha_i \geqslant 0, \ i = 1, 2, \cdots, m$$

上式中，$\varphi\ (x_i)^T\varphi(x_j)$ 是数据从低维映射至高维后的内积，然而此种映射将导致数据维度指数级增加，内积运算过程的复杂度也会因此而激增，故而构造核函数是一般的选择，它把高维向量的内积转变成了求低维向量的内积问题。由于计算 $\varphi\ (x_i)^T\varphi(x_j)$ 的难度较大，因此考虑能否找到函数满足：

$$k(x_i, x_j) = (\varphi(x_i), \varphi(x_j)) = \varphi\ (x_i)^T\varphi(x_j)$$

即在低维计算特征空间内积，简化了运算复杂度，优化问题转化为

$$\min_{\alpha} \frac{1}{2}\sum_{i=1}^{m}\sum_{j=1}^{m}\alpha_i\alpha_j y_i y_j k(x_i, x_j) - \sum_{i=1}^{m}\alpha_i$$

$$s.t. \ \sum_{i=1}^{m}\alpha_i y_i, \ \alpha_i \geqslant 0, \ i = 1, 2, \cdots, m$$

与第 4 章中解决对偶问题的方法一样，引入拉格朗日算子与求导简化，可以得到

$$f(x) = w^t\varphi(x) + b$$

$$= \sum_{i=1}^{m}\alpha_i y_i \varphi(^x_i)t\varphi(x) + b$$

$$= \sum_{i=1}^{m}\alpha_i y_i k(x_i, x_j) + b$$

其中 $k(x_i, x_j)$ 即为核函数。

在实际应用时，常用的核函数有以下几种类型：

线性核函数：$k(x_i, x_j) = x_i^t x_j$，　主要应用于线性可分情形，可以发现其特

征空间到输入空间维度一致。当数据线性可分时，由于其参数少、速度快，故其运算效果比较理想。

多项式核函数：$k(x_i, x_j) = (x_i^t x_j)^d$，$d \geq 1$，多项式核函数的参数较多，能够将低维输入空间映射到高维特征空间，但是当存在比较高的多项式的阶数时，核矩阵的元素值将趋近于无穷，计算复杂度将急剧提升，甚至难以计算。

高斯核函数（径向基函数）：$k(x_i, x_j) = exp(-\dfrac{\| x_i - x_j \|^2}{2\delta^2})$，$\delta > 0$，它作为一种局部性较强的核函数，能够将一个低维样本空间映射到更高维空间内。该核函数是应用最广的一个，无论样本大小，高斯核函数都有比较好的性能，参数少于多项式核函数，因此大多运算场景下都会优先使用高斯核函数。

Sigmod 核函数：$k(x_i, x_j) = tanh(\beta(x_i)^t \varphi(x_j) + \theta)$，$\beta > 0$，采用 Sigmoid 核函数，支持向量机实现的就是一种多层神经网络[1]。

在实际应用中选取核函数的时候，如果我们对目标数据有一定的先验知识，就基于先验来选择符合数据分布的核函数；如果对目标数据没有先验知识，通常选择交叉验证的方法，对不同核函数进行试用，选择效果最好（误差最小）的核函数，或者也可以结合使用多个核函数，形成混合核函数。一般情况下，核函数选择方法为：①如果数据的特征数量和样本数量差不多，选用线性核的支持向量机；②如果数据特征数量较小，样本数量正常，则选用高斯核函数的支持向量机；③如果数据特征数量较小，而样本数量远远大于特征数量，则需要手工添加一些特征后，选取线性核的支持向量机。基于先验经验和数据特征，本书选取高斯核作为核函数。

根据第 4 章中对 FCC-LSTSVM 理论的证明，我们对 FCC-LSTSVM 算法的描述如下：

（1）利用类中心法生成模糊隶属度函数。每一类的半径 r_+、r_- 是每一类训练样本集中的点与类中心间的最大距离，分别表示为 $r_+ = \max\limits_{x_i, y_i = 1} \| x_i - x_+ \|$ 及 $r_- = \max\limits_{x_i, y_i = -1} \| x_i - x_- \|$。在此算法中，采用高斯核函数。

（2）二阶锥计算复杂度较高，因此，利用主成分分析法确定主要属性。

（3）使用名义误差和最优误差来对性能进行评估。其中，名义误差定义

---

① 李琪瑞. 基于人体识别的安全帽视频检测系统研究与实现 [D]. 成都：电子科技大学，2017：35.

为 $NomErr = \dfrac{\sum\limits_i 1_{y_i^{pre} \neq y_i}}{\text{训练样本个数}} \times 100\%$ ，数据点 x_i 的最优误差可以定义为

$OptErr = \begin{cases} 1, & y_i^{pre} \neq y_i \\ \varepsilon_{opt}, & y_i^{pre} = y_i \end{cases}$ ，数据集的最优误差定义为 $OptErr = \dfrac{\sum\limits_i OptErr_i}{\text{训练样本个数}} \times$

100%。

（4）计算并确定分离超平面。

5.3.2 PC 端百度指数预测沪深 300 指数波动及算法比较

本书使用 ISOMAP 算法对原始数据进行降维处理，得到的低维图如图 5-8 所示：

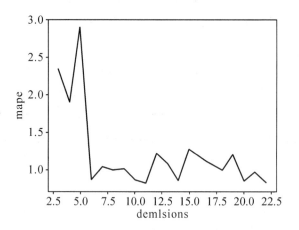

图 5-8 PC 端数据使用 ISOMAP 算法降维后的误差

通过图 5-8 我们可以发现，使用 ISOMAP 算法降维后的 11 维数据的误差最小，可以对高维数据进行最准确的描述。同时，在这个值下，所有 $d > 11$ 以及每个低维的误差都大于 11 维时的误差。因此，从总体上看，我们所选取数据的本征维数为 11。

图 5-9（1）~图 5-9（4）为分别使用 ISOMAP-FCC-LSTSVM 混合算法、FCC-LSTSVM 算法、SVM 算法、GARCH 算法，基于 PC 端百度指数数据，对沪深 300 指数波动率进行预测的结果展示，使用的软件为 Python3.6。本节中使用的主要操作代码会置于附录中。

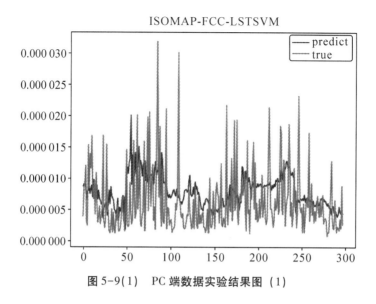

图 5-9(1)　PC 端数据实验结果图（1）

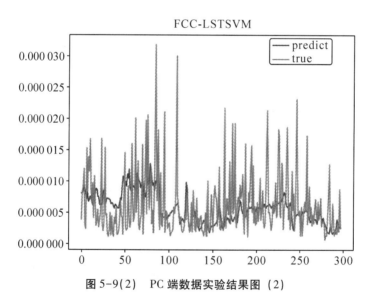

图 5-9(2)　PC 端数据实验结果图（2）

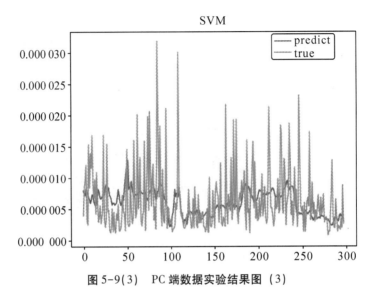

图 5-9(3)　PC 端数据实验结果图（3）

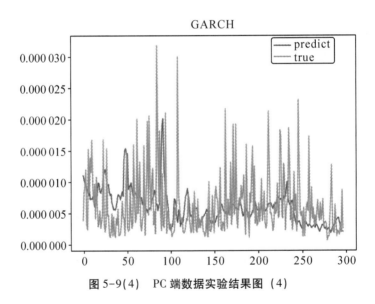

图 5-9(4)　PC 端数据实验结果图（4）

　模糊机会约束最小二乘双支持向量机算法及其在金融市场应用的研究

5.3.2.1 算法结果比较

图 5-9(1)~图 5-9(4)所示结果为不同算法的拟合结果，评价算法的优劣并不能通过图示直观看出，因此需要通过对结果的量化评估指标对算法进行评价[①]。表 5-7 报告了所有算法基于 PC 端数据时的误差值（实验 20 轮的平均值，下文同）。

表 5-7 基于 PC 端数据的各模型误差比较

误差	GARCH	SVM	FCC-LSTSVM	ISOMAP-FCC-LSTSVM
MAPE	0.51	0.473	0.438	0.406
MSE	0.008 7	0.008 1	0.007 1	0.006 8

平均绝对百分比误差（Mean Absolute Percent Error，MAPE）的计算方法为

$$MAPE = \sum_{t=1}^{n} \left| \frac{observed_t - predicted_t}{observed_t} \right| \times \frac{100}{n}$$

MAPE 值的大小取决于输入模型中数据的大小，因此，可以采用 MAPE 值作为相同一组数据使用不同模型时的评估值，进而比较模型的预测精度。均方误差（Mean Squared Error，MSE）的计算方法为

$$MSE = \frac{1}{N} \sum_{t=1}^{n} \left(observed_t - predicted_t \right)^2$$

MSE 评价数据的变化程度，其值越小，说明模型对数据的预测准确率越高。通过表 5-7 报告的内容可以发现，混合模型的预测精度略高于 FCC-LSTS-VM 模型，SVM 模型的预测精度略高于 GARCH 模型。直观上看，混合模型对异常值的预测准确度高于其他模型。

5.3.3 移动端百度指数预测沪深 300 指数波动及算法比较

在文章的上一节，我们使用交易日 PC 端百度指数对沪深 300 指数波动率进行了预测，在本节将使用采集到的移动端百度指数对沪深 300 指数波动率进行预测。由于百度指数提供的移动端数据开始日期为 2011 年 1 月 4 日，因此，移动端数据采集的时间跨度为 2011 年 1 月 4 日至 2017 年 10 月 27 日，在时间跨度上短于 PC 端数据。对数据的处理方法以及实验过程与 5.3.2 中类似，首先对数据进行降维处理，降维结果如图 5-10 所示：

---

① HANSEN P R, LUNDE A, NASON J M. The Model Confidence Set [J]. Econometrica, 2011, 79 (2): 453-497.

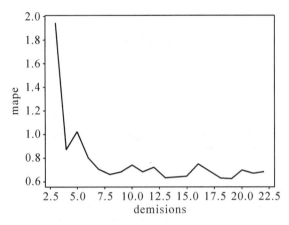

图 5-10　移动端数据使用 ISOMAP 算法降维后的误差

通过图 5-10 我们可以发现，对移动端数据进行降维处理后，19 维数据的误差最小，可以对高维数据进行最准确的描述。由于移动端数据的时间跨度短于 PC 端数据，即数据行数少于 PC 端，需要更多的维数以保证数据信息最大程度地保留，因此，移动端数据降维后维数高于 PC 端。同时，在这个值下，对于所有维数大于 19 以及每个低维的误差都大于 19 维时的误差。因此，从总体上看，我们所选取数据的本征维数为 19。

图 5-11(1)~图 5-11(4) 为基于移动端百度指数数据，分别使用 ISOMAP-FCC-LSTSVM 混合算法、FCC-LSTSVM 算法、SVM 算法、GARCH 算法，对沪深 300 指数波动率进行预测的结果，使用的软件为 Python3.6。

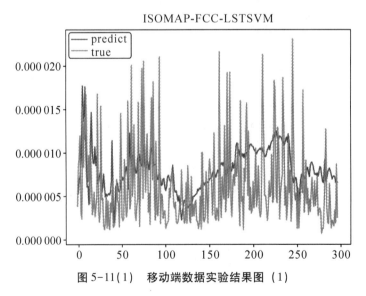

图 5-11(1)　移动端数据实验结果图 （1）

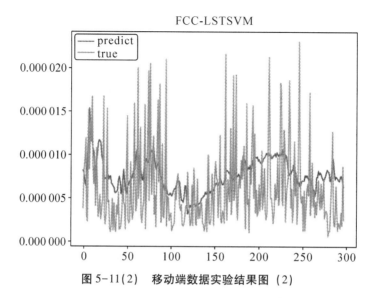

图 5-11(2) 移动端数据实验结果图（2）

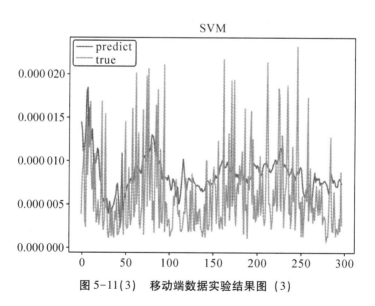

图 5-11(3) 移动端数据实验结果图（3）

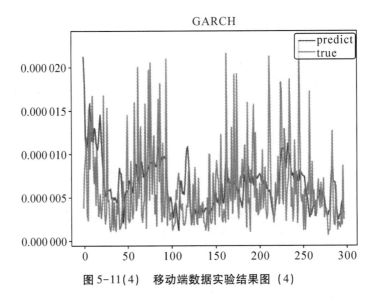

图 5-11(4)　移动端数据实验结果图（4）

图 5-11 中所示结果为不同算法的实验结果，评价算法的优劣并不能通过图示直观看出，因此需要通过对结果的量化评估指标对算法进行评价。表 5-8报告了所有算法基于移动端数据时的误差值。

表 5-8　基于移动端数据的各模型误差比较

误差	GARCH	SVM	FCC-LSTSVM	ISOMAP-FCC-LSTSVM
MAPE	0.949	0.848	0.736	0.701
MSE	0.016	0.009 7	0.008 3	0.007 8

通过表 5-8 可以发现，与表 5-7 类似，混合模型的预测精度略高于 FCC-LSTSVM 模型，SVM 模型的预测精度略高于 GARCH 模型。直观上看，混合模型对异常值的预测准确度高于其他模型。对表 5-7 和表 5-8 进行比较后发现，直观上看，数据量的不同造成了使用 PC 端数据的预测精度普遍高于移动端数据预测精度的现象。因此，本书又选取了与移动端同期的 PC 端百度指数及沪深 300 指数波动率数据进行试验。表 5-9 报告了使用与移动端同期的 PC 端百度指数及沪深 300 指数波动率数据，重复与移动端数据相同的实验过程，计算出的各模型的实验误差。可以看到，使用同期数据时，模型的准确度依然是PC 端高于移动端。在对百度指数数据做描述性统计时，我们已经发现，使用PC 端进行搜索的内容更为 "严肃"，因此有理由假设使用 PC 端百度指数对沪

深 300 指数波动率进行预测时效果会更精确，同时，我们的数据实验也印证了此假设。

表 5-9 与移动端同期的 PC 端各模型实验误差

误差	GARCH	SVM	FCC-LSTSVM	ISOMAP-FCC-LSTSVM
MAPE	0.776	0.722	0.663	0.648
MSE	0.008 9	0.008 1	0.007 4	0.007 6

5.4 本章小结

本章基于过去研究，使用百度指数中与宏观经济、居民消费品等相关关键词的搜索量，对沪深 300 指数波动进行预测，发现移动端与 PC 端互联网使用者搜索行为与注意力集中度存在异质性的同时，为沪深 300 指数波动性预测研究提供了新方法，为防范系统性金融风险提供了新视角。

首先，本章对实验采集的 PC 端及移动端 28 个关键词百度指数搜索量进行了描述性统计，结果发现，当互联网使用者对需要花费大量金钱，需要慎重决策的领域、消费品进行了解或消费时，例如房产、写字楼、汽车、奢侈品等，更倾向于使用 PC 端对数据和情报进行信息收集；而对宏观经济、居民一般消费品以及一些负面词汇，会更加倾向于使用移动端设备，利用碎片化时间进行知识获取和信息收集。这一结论有悖于移动设备迅猛发展的现实，也有悖于因此而产生的直觉认识。

其次，移动端关键词搜索量相关性普遍地高于 PC 端关键词搜索量相关性。例如关键词"房地产"在 PC 端和与其有较强相关性的关键词，存在一定的内在逻辑；但在移动端与"房地产"相关度较高的关键词，存在与 PC 端类似搜索逻辑的同时，毫无逻辑的关键词之间却存在较高的搜索行为上的相关性。这在一定程度上可以说明，互联网使用者在移动端进行关键词搜索获取信息时，搜索行为的倾向比较发散，会对表面看来毫无关联的关键词同时搜索，互联网使用者注意力较为分散；而使用 PC 端进行搜索时，可以发现互联网使用者具有较强的目的性，倾向于采用精确搜索，尤其在需要互联网使用者慎重对待的领域时，此种倾向表现得更为明显。

最后，在对数据进行归一化后，我们分别对 PC 端百度指数数据和移动端百度指数数据使用 ISOMAP – FCC – LSTSVM 混合算法、FCC – LSTSVM 算法、SVM 算法、GARCH 算法，对沪深 300 指数波动率进行预测，并比较了算法精度。结果表明，对数据进行降维处理后精度高于直接使用 FCC – LSTSVM 算法、SVM 算法、GARCH 算法等的算法精度，为指数波动研究提供了新方法，为防范系统性金融风险提供了新视角。

6 关于 ISOMAP 算法的改进

本书第 2 章对 ISOMAP 算法结合其他算法的应用进行了回顾，ISOMAP 算法具有更优的算法精度，这也在第 5 章的数据实验中得到了验证。第 3 章对 ISOMAP 算法理论进行了介绍后，本书认为该算法中使用测地距离代替欧式距离的假设，在一定条件下可以放松为直接使用欧式距离。本章将对 ISOMAP 算法提出新的假设，并给出理论证明。

6.1 算法假设

针对数据降维，目标是特定的数据，即在合理降维后依然不失真的数据。假设有数据集 $S = \{x_i\}_{1 \leqslant i \leqslant N} \subseteq R^n$，即 S 是 R^n 中的 N 个点 $(x_1, \cdots, x_N)$ 构成的集合。虽然这里考虑的数据都是一定维数欧式空间中点的集合，但数据的含义却多种多样。在对图片进行识别时，每一个点代表一张图片，相应的分量 x_i 表示与像素相关的各基本单元的数值。此时点的个数代表图片的个数，其所处欧式空间的维数即代表存储每张图片时所需要的单元数。在对公司财务状况进行研究时，每个点代表一个公司，点的分量表示各个公司的财务指标，其维数与财务指标数目相同。因而，由于考虑数据对象不同，降维的现实含义也就不同。

假设 M^s 是 $R^n(s \ll n)$ 中的光滑子流形，在拓扑学中有以下结论：有 R^n 的子空间 R^{2s+1}，使得 R^n 到 R^{2s+1} 的投影给出了 M^s 到 R^{2s+1} 的嵌入[①]。这样，从 $M^s \rightarrow R^n$ 降维到 $M^s \rightarrow R^{2s+1}$，其中 M^s 的拓扑结构被完全保留了下来。当 M 是

———————————

① WILLIAM M. BOOTHBY. 微分流形与黎曼几何引论（英文版·第 2 版修订版）[M]. 北京：人民邮电出版社，2007：255.

Riemann 流形时，也有以下嵌入的结果：假设 $(M^s,\ g)$ 是光滑 Riemann 流形，则 $(M^s,\ g)$ 可等距光滑嵌入至 R^q，其中 $q = \alpha s^2$，α 为常数。以上两个结论使得在 $s \ll n$ 时寻找更低维数据的表示有了理论依据。

对数据集 $S = \{x_i\}_{1 \leqslant i \leqslant N} \subseteq R^n$，一般而言，数据点的个数远远大于每个点的分量数，即 $n \ll N$；同时，假设 S 中的点均匀取自于某个低维流形 $M^s \subseteq R^n$，s 称为数据集 S 的本征维数，简单起见，令 M^s 为连通的。本书同时认为，数据集 S 中的点的所有分量 n，已经足以刻画每个点的特征，区分和确定每个点。由于假设了 S 是取自一个低维流形上，所以无论从理论上还是已有的文献中①②，都应把关注的重点放在低维流形的内蕴特征 M^s 上，此时的内蕴特征就是 $(M^s,\ g)$ 上的 Riemann 几何，其中 g 是 M^s 上从 R^n 诱导而来的度量。数据处理的本质是度量数据集中点和点之间的差异，通常使用距离对点与点间的差异性进行表征。如果将点看作 $(M^s,\ g)$ 上的点而忽略 R^n，则点与点之间的距离即为 M^s 上连接这两个点的最短测地线长度，记为 $d_1(\cdot,\ \cdot)$。如果将点放在 R^n 中，则点与点之间有一个自然的欧式距离，记为 $d_0(\cdot,\ \cdot)$。以往的研究中③，多倾向于使用测地距离 $d_1(\cdot,\ \cdot)$，而对欧式距离排而拒之。然而，已有文献证明在金融实践领域，最短测地距离已经无法准确有效地描述数据点间的关系④。

前文对数据的假设"点的分量足以刻画每个点的特征，区分和确定每个点"的含义为，d_1 与 d_0 是可做比较的。对所有待降维的数据集，假定一个公共常数 α_0（$0 \ll \alpha_0 < 1$），使得 $\alpha_0 d_1 \leqslant d_0 \leqslant d_1$。定性地看，$d_1$ 与 d_0 是没有差别的。

关于 d_1 与 d_0 的假设，之所以可以成立，是因为每个点的分量已足够区分数据集中的点，自然地，如果其中某两个点的分量充分接近（d_0 充分小），则这两点的差异也就充分小（d_1 充分小）。有两个点 P、Q，当它们在 M^s 上距离较远时，即 $d_1(P,\ Q)$ 较大，在 R^n 中却相隔较近，即 $d_0(P,\ Q)$ 较小。通过虚

① 雷迎科. 流形学习算法及其应用研究 [D]. 合肥：中国科学技术大学，2011：59.

② 孟德宇，徐晨，徐宗本. 基于 Isomap 的流形结构重建方法 [J]. 计算机学报，2010，33（3）：545-555.

③ 赵连伟，罗四维，赵艳敞，等. 高维数据流形的低维嵌入及嵌入维数研究 [J]. 软件学报，2005，16（8）：69-76.

④ 黄焱. 基于流形学习的金融数据分析方法研究 [D]. 成都：电子科技大学，2015：14-18.

拟一个分量的方法，将 S 升维到 R^{n+1}，即 $S' = \{x'_i\}_{1 \le i \le N} \subseteq R^{n+1}$，$x'_i = (x_i, \frac{1}{\varepsilon} < x_i - p, \frac{\overrightarrow{PQ}}{\| \overrightarrow{PQ} \|} >)$，其中 $< \cdot, \cdot >$ 表示 R^n 中的内积，ε 为充分小的正数。这样，$S' \subseteq R^{n+1}$ 上的 P'、Q' 两点之间的欧式距离大大增加，而 S 可以看作 S' 降了一维后的结果。在实际的应用中，我们可以研究数据集中是否果真存在某一分量未被统计，因而造成了 d_1 很大，d_0 却很小的状况，直到满足假设。

点与点之间的距离度量了点与点之间的差异性。在数据降维时，关注的首要目标是保持点之间的差异性，也就是原始数据集中距离近（差异小）的点在降维后也应该距离近（差异小），原始数据集中距离远（差异大）的点降维后也应该距离远（差异大）。在没有对原始数据掌握足够多规律信息之前，可以认为保持点间差异性是降维最应遵循的原则。对 ISOMAP 算法而言，其算法中关键的步骤是计算度量矩阵 $D = (d_1(x_i, x_j))_{1 \le x_i, x_j \le N}$，而降维后的欧式度量矩阵 $D_0 = (d_0(x_i, x_j))_{1 \le x_i, x_j \le N}$ 与 D 在上文假设中的意义相近。因此，以 $d_0(x_i, x_j)$ 替代 $d_1(x_i, x_j)$，即取 D 为 $D = (d_0(x_i, x_j))_{1 \le x_i, x_j \le N}$。进而使用 D 继续 ISOMAP 算法，得到降维后的点集 $T = \{y_i\}_{1 \le i \le n}$，依然保持距离较近的点仍然相邻，距离较远的点仍然远离。这些结论均依赖于对数据所处内在流形的假设，即 $\alpha_0 d_1 \le d_0 \le d_1$。在本书中，对数据集做如下假设：

（1）数据均匀取自 R^n 中一个低维连通流形 M^s，且 $n \ll N$，$s \ll n$；

（2）测地距离与欧式距离可比较，即存在常数 α_0（$0 \ll \alpha_0 < 1$），使得 $\alpha_0 d_1 \le d_0 \le d_1$。

6.2 算法论述

针对 ISOMAP 算法，前文已经对算法过程做了详细介绍，读者可对 3.3 部分进行回顾。我们要做的是找到 R^m 中的点集 $T = \{y_i\}_{1 \le i \le n}$，以近似表达原数据集 $S = \{x_i\}_{1 \le i \le N} \subseteq R^n$。目标是使得 S 中相对距离较远的点，在 T 中的相对位置依然较远；S 中相对距离较近的点，在 T 中的相对位置依然较近。最后，找到 R^n 映射至其一个 m 维子空间 R_0^m 的映射。

已知 R_0^m 是 R^n 的 m 维子空间，与 R_0^m 垂直的 $n - m$ 维子空间为 R_0^{n-m}。对 $\forall v \in R_0^{n-m}$，v 尽可能地与 S 中的点决定的向量 $x_j - x_i$ 垂直。为确定 R_0^{n-m}，做以下优化问题：

$$\min_{w \in R^n, \ \|w\|=1} \sum_{1 \leq i, j \leq N} < w, \ x_j - x_i >^2 \qquad (6-1)$$

其中，$<\cdot, \ \cdot>$ 是 R^n 中的内积。设 R^n 中的点是以列向量形式表示，则

$$\sum_{1 \leq i, j \leq N} < w, \ x_j - x_i >^2 = \sum_{1 \leq i, j \leq N} w^T (x_j - x_i)(x_j - x_i)^T w = w^T L w$$

其中 $L = \sum_{1 \leq i, j \leq N} (x_j - x_i)(x_j - x_i)^T$，是一个 $n \times n$ 阶矩阵。若 L 的最小的 $n - m$ 个特征值为 $\lambda_1, \cdots, \lambda_{n-m}$，其对应的特征向量为 $v_1, \cdots, v_{n-m}$，则 $R_0^{n-m} = span\{v_1, \cdots, v_{n-m}\}$。将 $v_1, \cdots, v_{n-m}$ 扩充为 R^n 的一组单位正交基 $v_1, \cdots, v_n$，则 $R_0^m = span\{v_{n-m+1}, \cdots, v_n\}$。最终的映射为

$$R^n \to R^m, \ x \to (<x, \ v_{n-m+1}>, \ \cdots, \ <x, \ v_n>)$$

因此，$T = \{y_i\}_{1 \leq i \leq n} \subseteq R^m$，其中 $y_i = (<x_i, \ v_{n-m+1}>, \ \cdots, \ <x_i, \ v_n>)$。

综上，给出一个算法，如下：

①计算 $L = \sum_{1 \leq i, j \leq N} (x_j - x_i)(x_j - x_i)^T$。

②求 L 的最小的 $n - m$ 个特征对应的单位特征向量 $v_1, \cdots, v_{n-m}$，并将其扩充为 R^n 的一组单位正交基 $v_1, \cdots, v_{n-m}, v_{n-m+1}, \cdots, v_n$。

③得到降维后 $T = \{y_i\}_{1 \leq i \leq n} \subseteq R^m$，其中 $y_i = (<x_i, \ v_{n-m+1}>, \ \cdots, \ <x_i, \ v_n>)$。

当知道 M^s 的本征维数后，选取 m 时一般应有 $m \geq 2s + 1$，否则，就会像三维空间中的三叶结①（trefoil knot）一样，无论向哪个平面投影，均会将三叶结上不同的点投射到同一点上。由于光滑 S 维流形总可以嵌入 R^{2s+1} 中，甚至对于 $M^s \to R^n (n > 2s + 1)$，都可以找到 R^n 的一个 $2s + 1$ 维子空间 R^{2s+1} 使得 R^n 到 R^{2s+1} 的投影仍然可以嵌入 $M \to R^{2s+1}$。当需要处理的数据集比较特殊，样本点取点的流形 M^s 位于一个 $2s + 1$ 维平面上时，则上述算法给出的是没有丢失信息的降维结果。实际应用中，可以令 m 从某个值（m_0）逐渐增大，S 在 R^m 上的降维结果 T_m 是 R^{m+1} 的降维结果 T_{m+1} 的投影，$R^{m+1} \to R^m$，$T_{m+1} \to T_m$，使得数据使用效果改善。由于最终做的映射是一个投射，故而它不会增加距离，因此原数据集距离较近的点在映射后距离仍然较近。

问题关注的重点变成了保证原数据集中距离较远的点，在映射后仍然距离较远。在过程中运用最优化问题，如式（6-1），它是一种平均意义下的最优，无法保证最终结果的逐个最优。为保证结果的逐个最优，可以在每一项前加一

---

① 刘彦佩. 图的拓扑理论［M］. 北京：中国科学技术大学出版社，2008：193.

个权重得到式（6-2）。为了使得相距较远的点降维后仍相距较远，即它们决定的向量在 R_0^{n-m} 中投影的长度尽可能的小，此时令

$$w_{ij} = \parallel x_j - x_i \parallel \quad \text{或} \quad w_{ij} = \parallel x_j - x_i \parallel^2$$

在最优化问题上求解 w_0，如果 $\parallel x_j - x_i \parallel$ 取值较大，由于 w_0 是对式（6-2）：

$$\min_{w \in R^n, \parallel w \parallel = 1} \sum_{1 \leqslant i, j \leqslant N} w_{ij} < w, \ x_j - x_i >^2 \tag{6-2}$$

求解得到的，因此 $w_{ij} < w, \ x_j - x_i >^2$ 的值就应该小，由于 w_{ij} 较大，故而 $< w, \ x_j - x_i >^2$，即投影造成的距离损失就应较小。相应地，此时算法中①应为

$$L = \sum_{1 \leqslant i, j \leqslant N} w_{ij} (x_j - x_i)(x_j - x_i)^T$$

由于对几乎所有 m 维子空间（$m \geqslant 2s + 1$），相应的投影都给出 M 到 R^m 的嵌入，因此本书所给的算法得出的降维结果一般是保持数据集的拓扑结构的。令 $N \to \infty$，点集 S 均匀分布于 M，则其上的目标函数为 $w^T \tilde{L} w$，其中：

$$\tilde{L} = \int_{M \times M} (x - y)(x - y)^T d\mu_M(x) d\mu_M(y)$$

$d\mu_M$ 是 M 上的测度。

如果假定数据集所在的流形 M^s 满足假设 $\alpha_0 d_1 \leqslant d_0$，当降维的主要目的是保持点与点之间的远近关系时，不必与 ISOMAP 算法一样，直接取 $d(x_i, x_j) = d_0(x_i, x_j)$ 即可。如果需要考虑数据集所在流形的内蕴结构（M^s 上的 Riemann 几何），会遇到以下困难：一般需要做降维的数据是现实意义下的数据，在采集的过程中不排除存在误差的可能性，因此，本书认为数据集中某一个点与充分接近它的点没有区别。

在此，我们对"没有区别"进行更详细的阐述。对于任意数据集 $S \subseteq R^n$，找到一个函数 f_s，将关于数据集的分析转换到函数上。对于现实中的数据集 R^n，其中的点不可避免地会存在误差，因此对一个点而言说其服从某种分布是更有意义的。为简单起见，当我们谈及点 $a \in R^n$ 时，实际指一个概率分布，其密度函数 $f_a = \rho(\parallel x - a \parallel)$，$x \in R^n$，而 ρ 是 R 上一紧致集的函数，同时 ρ 满足 $\int_R \rho(\xi) d\xi = 1$，且 ρ 的取值不为 0 处集中在原点附近。

对于 R^n 中的数据集 $S = \{x_i\}_{1 \leqslant i \leqslant N}$，令 $f_s = \dfrac{1}{N} \sum_{1 \leqslant i \leqslant N} f_{x_i}$。事实上，只要存在对于 R^n 的一个可测的观测集 K，就存在相应的 $f_k = \dfrac{1}{m(k)} \int_{R^n} x_k(a) f_a d_m(a)$，$K$ 的测度 $0 < m(k) < \infty$，而 d_m 是 R^n 上的标准测度 x_k 表示 K 上的特征函数（x_k 在 K

上取值为 1，否则为 0）。f_s 表示由均匀分布在 M 上的点集 S 决定的一个概率分布，利用数学分析的知识可以证明，若 $f_{k_1} = f_{k_2}$，则 k_1 与 k_2 在差一个零测集的意义下相同。而对前面所说的数据集情形，若 $f_{k_1} = f_{k_2}$，则一定有 $f_{s_1} = f_{s_2}$。当数据集 S 的点的个数趋近于无穷时，则有 $f_s \to f_M = \dfrac{1}{vol(M)} \displaystyle\int_M f_a d\mu(a)$。其中，$vol(M)$ 表示 M 的体积，$d\mu$ 表示 M 上的测度。因此，我们可以确定 f_s 由数据集 S 唯一确定，不同的数据集 S 所对应的 f_s 也是不同的。这样，从密度函数 f_s 出发考虑降维的问题也就有了理论依据。使用 Wasserstein 距离作为度量概率分布间差异的方法，即存在概率分布空间上的一个距离 $d(\cdot, \cdot)$，满足当 $d(f_{s_1}, f_{s_2})$ 很小时，s_1 与 s_2 也很接近，那么要找到 S 的一个低维近似 $T \subseteq R^m$，就可以转化为一个最优化问题：

$$\min_{T = \{y_i\}_{1 \le i \le N} \subseteq R^m} \ \min_{G \in Iso(R^n)} d(f_s, f_{G(T \times \{0^{n-m}\})})$$

其中，$Iso(R^n)$ 表示 R^n 的等距群，即平移与旋转的复合，0^{n-m} 表示 R^{n-m} 中的原点，对于 $K \subseteq R^n$，$G \in Iso(R^n)$，$G \cdot (k) = \{G \cdot x \mid x \in k\}$。

数据集 S 的每个点都可以轻微变动，即 M^s 的轻微扰动不会对接下来的处理产生影响。

Nash 嵌入定理 任何短嵌入 $\mu: M^s \to R^n$，$n \geq \dfrac{(s+2)(s+3)}{2}$ 都可以被光滑等距嵌入一致逼近。其中，短嵌入指 $\mu^* g_0 \le g$，g_0 是 R^n 上的欧式度量，g 是 M^s 的 Riemann 度量；被一致逼近指对 $\forall \varepsilon > 0$，存在光滑等距映射 $\nu: M \to R^n$，对 $\forall x \in M$，使得 $\| \nu_x - u_x \| < \varepsilon$。

由 Nash 嵌入定理可得到，ISOMAP 算法中的 $d(x_i, x_j)$ 也是不能有大的变化的。若 $\mu: M^s \to R^n$，此时认为内蕴几何是 M^s 上从 R^n 诱导而来的度量 g。则由上述定理，对 M^s 上任意度量 h（只需假设其逐点半正定）及 $\forall \varepsilon > 0$，$\exists \nu: M^s \to R^n$，使得 M^s 上经由 ν 从 R^n 诱导的度量为 $g + h$，$\forall x \in M$，且 $\| \nu_x - u_x \| < \varepsilon$。因此，仅仅是由误差造成的微小变动，却对 M 的内蕴几何造成了任意变化。

因此，ISOMAP 算法中的关键的 $d(x_i, x_j)$，若认为其很接近测地距离，则对 S 有很小的扰动（N 充分大，此时 S 接近于 M），也可以对 $|d(x_i, x_j)|_{n \times n}$ 造成无法预料的影响。当然，是否能限制点集误差的某种一致性（对点集 S，其误差 $\{\varepsilon_i\}_{1 \le i \le N}$ 有较强的限制），以消除上述问题，仍需进一步思考。

6.3 本章小结

在本章中，我们认为 ISOMAP 算法中测度高维数据点之间的距离是测地距离，但是假如测地距离与欧式距离可比较，那么在算法中，使用欧式距离会达到类似效果，同时降低算法复杂度。如果考虑的数据类型的数据结构比较复杂，那么在优化的过程中可以加入合适的权重，以刻画其拓扑结构。

7 全书总结与研究展望

7.1 全书总结

随着信息技术的发展，现实世界可获取、储存、处理的数据呈爆炸式增长，如微博或推特中的文本数据、高分辨率图像数据、气候数据、金融数据等。这些以高维、非结构化形式呈现的数据，将知识和数据的规律隐藏，使人们难以直观观测到数据间的内在关系，加之处理此类数据的技术发展相对滞后，使我们常常处在"数据爆炸，缺乏知识"的状态。面对高维数据，为了更为准确地获得高维数据点间的关系，保留蕴含的信息，降低数据噪声，我们将流形学习算法理论运用于机器学习与数据挖掘中，探索高维百度指数数据的内蕴结构，对沪深 300 指数波动率进行预测。此外，本书通过机会约束规划和模糊隶属度，给出了一种全新的模糊机会约束最小二乘支持向量机，能够有效地测量数据噪声。同时，对 ISOMAP 算法也有全新的思考。

本书的主要工作如下：

（1）通过机会约束规划，给出了一个针对分类的、新的模糊机会约束最小二乘双支持向量机（FCC-LSTSVM）模型，可以有效地处理噪声数据。当数据点在统计学意义下的性质不确定时，研究了双支持向量机的分类问题。对数据集已知的分布的某些性质，模糊机会约束最小二乘双支持向量机（FCC-LSTSVM）模型可以尽可能地确保得到更低的不确定数据集误分类概率。通过不确定数据集的矩信息将模糊机会约束最小二乘双支持向量机（FCC-LSTSVM）模型转化为二阶锥规划问题，同时也介绍了二阶锥规划的对偶性质。然后，我们通过计算对偶问题，得到了双平面。此外，还通过人工数据和真实数据，检验了模糊机会约束最小二乘双支持向量机（FCC-LSTSVM）模型的性能。

（2）PC端和移动端互联网使用者的搜索行为上存在异质性。随着移动互联网技术和硬件的发展，虽然台式电脑、笔记本电脑、平板电脑的使用率均出现下降，手机不断挤占其他个人上网设备的使用空间，但是通过对百度指数PC端和移动端搜索量的比较，可以发现，当互联网使用者对需要花费大量金钱，需要慎重决策的领域、消费品进行了解或消费时，例如房产、写字楼、汽车、奢侈品等，更倾向于使用PC端对数据和情报进行信息搜集。互联网使用者对涉及金融市场、金融产品、房地产、汽车等，需要其严肃、慎重对待的领域时，会更加倾向于使用PC端进行知识获取和信息搜集；而对宏观经济、居民一般消费品以及一些负面词汇，会更倾向于使用移动端设备，利用碎片化时间进行知识获取和信息搜集。这一结论有悖于移动设备迅猛发展的现实，也有悖于因此而产生的直觉认识。

（3）PC端和移动端互联网使用者在进行搜索时，注意力集中度存在异质性。移动端关键词搜索量相关性普遍地高于PC端关键词搜索量相关性，例如关键词"房地产"在PC端与其有较强相关性的关键词，存在一定的内在逻辑；但在移动端与"房地产"相关度较高的关键词，存在与PC端类似搜索逻辑的同时，毫无逻辑的关键词之间却存在较高的搜索行为上的相关性。这在一定程度上可以说明，互联网使用者在移动端进行关键词搜索获取信息时，搜索行为的倾向比较发散，会对表面看来毫无关联的关键词同时做出搜索，互联网使用者注意力较为分散；而使用PC端进行搜索时，可以发现其具有较强的目的性，倾向于采用精确搜索，尤其在需要互联网使用者慎重对待的领域时，此种倾向表现得更为明显。

（4）分别对PC端关键词百度指数数据和移动端关键词百度指数数据使用ISOMAP-FCC-LSTSVM混合算法、FCC-LSTSVM算法、SVM算法、GARCH算法，对沪深300指数波动率进行预测，并比较了算法精度，发现ISOMAP-FCC-LSTSVM混合算法的预测精度高于其他模型，为指数波动研究提供了新方法，为防范系统性金融风险提供了新视角。

（5）对ISOMAP算法中测度高维数据点之间的距离进行了重新假设，假如测地距离与欧式距离可比较，那么在算法中，使用欧式距离会达到类似效果，同时降低算法复杂度。

7.2 研究展望

本书使用 28 个关键词的百度指数数据对沪深 300 指数波动率进行了预测，检验了文章提出算法的精度。在未来的工作中有以下几点需要完善：

（1）在第 4 章中，我们提出了一个模糊机会约束最小二乘双支持向量机（FCC-LSTSVM）模型，在算法精度和鲁棒性上有待更进一步的提升。

（2）在第 5 章中，我们使用 28 个关于宏观经济和居民消费的关键词对沪深 300 指数波动进行预测，其中，关键词选取方法还能更进一步完善，关键词选取数量及涵盖面还能继续扩大。此外，虽然关键词与宏观经济及居民消费相关，但数据本身的噪声不能有效地降低，未来工作的重点，应围绕降低数据噪声和扩大数据包含信息量两方面进行。

（3）在第 6 章中，针对使用 ISOMAP 算法进行数据降维这一问题，对数据提出了条件更强的假设，在此假设下，证明了使用欧式距离比测地距离效果更好。存在的不足是，仅在理论上对此想法进行了论证，有待放松假设条件，以及使用数据实验进行验证。

参考文献

[1] 部慧, 解峥, 李佳鸿, 等. 基于股评的投资者情绪对股票市场的影响 [J]. 管理科学学报, 2018, 166 (4)：91-106.

[2] 陈声利, 关涛, 李一军. 基于跳跃、好坏波动率与百度指数的股指期货波动率预测 [J]. 系统工程理论与实践, 2018, 38 (2)：299-316.

[3] 陈维恒. 微分流形初步 [M]. 北京：高等教育出版社, 2001：99.

[4] 陈卫华, 徐国祥. 基于深度学习和股票论坛数据的股市波动率预测精度研究 [J]. 管理世界, 2018 (1)：180-181.

[5] 成松豪, 张兵. 投资者有限关注行为与IPO表现：基于百度指数的研究 [J]. 金融经济学研究, 2014 (6)：28-37.

[6] 董倩, 等. 基于网络搜索数据的房地产价格预测 [J]. 统计研究, 2014, 31 (10)：81-88.

[7] 方壮志, 王竹葳, 龙欢予. 基于百度指数的碳交易市场波动率的实证研究 [J]. 工业技术经济, 2016, 35 (11)：28-33.

[8] 耿立艳, 郭斌. 中国股指波动率的智能预测模型与实证检验 [J]. 统计与决策, 2016 (7)：148-151.

[9] 古楠楠, 等. 流形学习若干关键问题与算法研究 [M]. 北京：首都经济贸易大学出版社, 2015：137.

[10] 黄焱. 基于流形学习的金融数据分析方法研究 [D]. 成都：电子科技大学, 2015：14-18.

[11] 贾素玲, 陈当阳. 中短期时间序列的经济预测模型 [J]. 北京航空航天大学学报（社会科学版）, 2007, 20 (4)：9-11.

[12] 姜文杰, 赖一飞, 王恺. 基于百度指数的房地产价格相关性研究 [J]. 统计与决策, 2016 (2)：90-93.

[13] 孔翔宇, 毕秀春, 张曙光. 财经新闻与股市预测：基于数据挖掘技术

的实证分析 [J]. 数理统计与管理, 2016, 35 (2): 215-224.

[14] 雷迎科. 流形学习算法及其应用研究 [D]. 合肥: 中国科学技术大学, 2011: 59.

[15] 李琪瑞. 基于人体识别的安全帽视频检测系统研究与实现 [D]. 成都: 电子科技大学, 2017: 35.

[16] 郦金梁, 何诚颖, 廖旦, 等. 舆论影响力、有限关注与过度反应 [J]. 经济研究, 2018 (3): 126-142.

[17] 林虎, 孙博, 刘力. 换手率波动、转售期权与股票横截面收益率 [J]. 金融研究, 2013 (12): 181-193.

[18] 刘先伟. 关注异质性与媒体效应对股票市场的影响研究 [D]. 哈尔滨: 哈尔滨工业大学, 2016: 17, 24.

[19] 刘彦佩. 图的拓扑理论 [M]. 北京: 中国科学技术大学出版社, 2008: 193.

[20] 鲁晓鹏. 基于互联网数据挖掘的投资者情绪与股市收益统计研究 [D]. 成都: 西南财经大学, 2016.

[21] 罗瑜. 支持向量机在机器学习中的应用研究 [D]. 成都: 西南交通大学, 2007.

[22] 孟德宇, 徐晨, 徐宗本. 基于 Isomap 的流形结构重建方法 [J]. 计算机学报, 2010, 33 (3): 545-555.

[23] 孟雪井, 孟祥兰, 胡杨洋. 基于文本挖掘和百度指数的投资者情绪指数研究 [J]. 宏观经济研究, 2016 (1): 144-153.

[24] 牛晓晓. 基于机器学习及智能算法的柴油机性能预测及优化研究 [D]. 哈尔滨: 哈尔滨工程大学, 2017.

[25] 权小锋, 吴世农. 投资者关注、盈余公告效应与管理层公告择机 [J]. 金融研究, 2010 (11): 90-107.

[26] 石善冲, 朱颖楠, 赵志刚, 等. 基于微信文本挖掘的投资者情绪与股票市场表现 [J]. 系统工程理论与实践, 2018, 38 (6): 1404-1412.

[27] 宋双杰, 曹晖, 杨坤. 投资者关注与 IPO 异象: 来自网络搜索量的经验证据 [J]. 经济研究, 2011 (s1): 145-155.

[28] 汤祥凤. 有限关注与股票价格: 基于百度指数作为有限关注的实证分析 [J]. 南京航空航天大学学报 (社会科学版), 2016, 18 (3): 27-31.

[29] 王曦, 朱立挺, 王凯立. 我国货币政策是否关注资产价格?: 基于马尔科夫区制转换 BEKK 多元 GARCH 模型 [J]. 金融研究, 2017 (11): 1-17.

［30］谢世宏.基于互联网搜索的有限注意与我国股票市场的关系研究［D］.南京：南京大学，2012.

［31］杨欣，吕本富，彭赓，等.基于网络搜索数据的突发事件对股票市场影响分析［J］.数学的实践与认识，2013，43（23）：17-28.

［32］姚颐，刘志远.震荡市场、机构投资者与市场稳定［J］.管理世界，2008（8）：22-32.

［33］俞庆进，张兵.投资者有限关注与股票收益：以百度指数作为关注度的一项实证研究［J］.金融研究，2012（8）：152-165.

［34］郁晨.投资者情绪理论、度量及应用研究综述［J］.金融评论，2017（3）：115-126，130.

［35］张晨，杨仙子.基于多频组合模型的中国区域碳市场价格预测［J］.系统工程理论与实践，2016，36（12）：3017-3025.

［36］张崇，吕本富，彭赓，等.网络搜索数据与CPI的相关性研究［J］.管理科学学报，2012，15（7）：50-59.

［37］张贵生，张信东.基于近邻互信息的SVM-GARCH股票价格预测模型研究［J］.中国管理科学，2016，24（9）：11-20.

［38］张继德，廖微，张荣武.普通投资者关注对股市交易的量价影响：基于百度指数的实证研究［J］.会计研究，2014（8）：52-59.

［39］张佳.基于GARCH-M模型的股指期货对股市波动影响的研究［J］.中国管理科学，2017，25（1）：27-34.

［40］张伟.基于微博文本挖掘的投资者情绪与股票市场表现研究［D］.济南：山东大学，2015.

［41］张兴祥，洪永淼."中国梦"与"美国梦"网络关注度的相关性研究：基于百度指数和谷歌指数的实证检验［J］.厦门大学学报（哲学社会科学版），2017（5）：1-13.

［42］张雅慧，万迪昉，付雷鸣.股票收益的媒体效应：风险补偿还是过度关注弱势［J］.金融研究，2011（8）：143-156.

［43］张永杰，张昱昭，金曦，等.媒体关注与成交量：基于百度媒体指数的研究［J］.系统工程理论与实践，2018，38（3）：576-584.

［44］赵连伟，罗四维，赵艳敞，等.高维数据流形的低维嵌入及嵌入维数研究［J］.软件学报，2005，16（8）：1423-1430.

［45］AOUADI A，AROURI M，TEULON，FRÉDÉRIC. Investor attention and stock market activity：Evidence from France［J］. Economic Modelling, 2013, 35：

674-681.

[46] APERGIS N. The role of FOMC minutes for US asset prices before and after the 2008 crisis: Evidence from GARCH volatility modeling [J]. Quarterly Review of Economics & Finance, 2015, 55: 100-107.

[47] GEORGIOS B G, FRANCIS B, RAPHAEL C, et al. Signal Processing for Big Data [J]. IEEE Signal Processing Magazine, 2014 (9): 15-16

[48] YANG B Z, WANG M H, YANG H, et al. Chen. Ramp loss quadratic support vector machine for classification [J]. Nonlinear Anal Forum, 2016, 21 (1): 101-115.

[49] BAILER-JONES C A L, IRWIN M, HIPPEL T V. Automated classification of stellar spectra — II. Two-dimensional classification with neural networks and principal components analysis [J]. Monthly Notices of the Royal Astronomical Society, 2010, 298 (2): 361-377.

[50] BAKER M, WURGLER J. Investor sentiment in the stock market [J]. Journal of Economic Perspectives, 2007, 21 (2): 129-151.

[51] BALASUBRAMANIAN M, SCHWARTZ E L. The isomap algorithm and topological stability [J]. Science, 2002, 295 (5552): 7.

[52] BARBER B M, ODEAN T. All that glitters: The effect of attention and news on the buying behavior of individual and institutional investors [M]. The Handbook of News Analytics in Finance. John Wiley & Sons, Ltd. 2008: 785-818.

[53] BASHBAGHI S, GRANGER E, BILODEAU G A, et al. Dynamic ensembles of exemplar-SVMs for still-to-video face recognition [J]. Pattern Recognition, 2017, 69: 61-81.

[54] BAYRAKTAR E, MILLER C W. Distribution-constrained optimal stopping [J]. Mathematical Finance, 2019 (1): 368-406.

[55] BELKIN, MIKHAIL, NIYOGI, et al. Laplacian Eigenmaps for dimensionality reduction and data representation [J]. Neural Computation, 2014, 15 (6): 1373-1396.

[56] BEN-TAL A, BHADRA S, BHATTACHARYYA C, et al. Chance constrained uncertain classification via robust optimization [J]. Mathematical Programming, 2011, 127 (1): 145-173.

[57] BENTES S R. A comparative analysis of the predictive power of implied volatility indices and GARCH forecasted volatility [J]. Physica A Statistical Mechan-

ics & Its Applications, 2015, 424: 105−112.

[58] BHATTACHARYYA C, GRATE L M, EL GHAOUI L, et al. Robust sparse hyperplane classifiers: Application to uncertain molecular profiling data [J]. Journal of Computational Biology, 2004, 11 (6): 1073−1089.

[59] BI J, ZHANG T. Support vector classification with input data uncertainty [J]. Proc. of Neural Inf. proc. systems, 2004, 17: 161−168.

[60] BOURI E, AZZI G, DYHRBERG A H. On the return−volatility relationship in the Bitcoin market around the price crash of 2013 [J]. Economics−The Open −Access, The Open−Assessment E−Journal, 2016 (1): 1−16.

[61] BOX G E, JENKINS G M. Time series analysis: forecasting and control rev. ed [J]. Journal of Time, 1976, 31 (4): 238−242.

[62] BRAD M. Barber, Terrance Odean. All That Glitters: The effect of attention and news on the buying behavior of individual and institutional investors [J]. The Review of Financial Studies, 2008, 21 (2): 785−818.

[63] BROWN M. Knowledge−based analysis of microarray gene expression data by using support vector machines [J]. PNAS, 2000, 97 (1): 262−267.

[64] BURGES C J C. A Tutorial on Support Vector Machines for Pattern Recognition [M]. Kluwer Academic Publishers, 1998.

[65] CAO L. Support vector machines experts for time series forecasting [J]. Neurocomputing, 2003, 51 (2): 321−339.

[66] CASDAGLI M. Nonlinear Prediction of Chaotic Time Series [J]. Physica D Nonlinear Phenomena, 1989, 35 (3): 335−356.

[67] CHANG C C, LIN C J. LIBSVM: A library for support vector machines [J]. ACM Transactions on Intelligent Systems and Technology, 2007, 2 (3): 1−27.

[68] CHEMMANUR T J, YAN A. Advertising, Attention, and Stock Returns [D]. Boston College and Fordhan University, 2009.

[69] CHEN S, HÄRDLE W K, JEONG K. Forecasting volatility with support vector machine−based GARCH model [J]. Journal of Forecasting, 2010, 29 (4): 406−433

[70] CORTES C, VAPNIK V. Support−Vector Networks [J]. Machine Learning, 1995, 20 (3): 273−297.

[71] DA Z, ENGELBERG J, GAO P. In Search of Fundamentals [J]. Social Science Electronic Publishing, 2011: 257−275.

［72］DONOHO D L, GRIMES C. Hessian eigenmaps: Locally linear embedding techniques for high-dimensional data［J］. Proceedings of the National Academy of Sciences of the United States of America, 2003, 100（10）: 5591-5596.

［73］DRAKE M S, ROULSTONE D T, THORNOCK J R. Investor Information Demand: Evidence from Google Searches Around Earnings Announcements［J］. Journal of Accounting Research, 2012, 50（4）: 1001-1040.

［74］ESCOBAR M, FERRANDO S, RUBTSOV A. Optimal investment under multi-factor stochastic volatility［J］. Quantitative Finance, 2017, 17: 1-20.

［75］FEHR E. Behavioural science: The economics of impatience［J］. Nature, 2002, 415（6869）: 269-272.

［76］FRANCIS A. LONGSTAFF, EDUARDO S. SCHWARTZ. Valuing American Options by Simulation: A Simple Least-Squares Approach［J］. Review of Financial Studies, 2001, 14（1）: 113-147.

［77］FUNG G, MANGASARIAN O L. Proximal support vector machine classifiers［C］. ACM SIGKDD International Conference on Knowledge Discovery and Data Mining. ACM, 2001: 77-86.

［78］GABAIX X, GOPIKRISHNAN P, PLEROU V, et al. A theory of power-law distributions in financial market fluctuations［J］. Nature, 2003, 423（6937）: 267-270.

［79］GARMAN M B, KLASS M J. On the Estimation of Security Price Volatilities from Historical Data［J］. Journal of Business, 1980, 53（1）: 67-78.

［80］GINSBERG J, MOHEBBI M H, PATEL R S, et al. Detecting influenza epidemics using search engine query data［J］. Nature, 2009, 457（7232）: 1012.

［81］GOLDFARB D, IYENGAR G. Robust convex quadratically constrained programs［J］. Mathematical Programming, 2003, 97（3）: 495-515.

［82］GRIMES C, DONOHO D L. When does isomap recover the natural parametrization of families of articulated images［J］. Technical Report 2002-27, Department of Statistics, Stanford University, 2002.

［83］GRULLON G, KANATAS G, WESTON J P. Advertising, Breadth of Ownership, and Liquidity［J］. Social Science Electronic Publishing, 2002, 17（2）: 439-461.

［84］GUNN S. Support Vector Machines for Classification and Regression［J］. Analyst, 2010, 135（2）: 230.

[85] GUO Z, QUAN L. Financial time series forecasting using LPP and SVM optimized by PSO [J]. Soft Computing, 2013, 17 (5): 805-818.

[86] WHITNEY H. Differentiable manifolds [J]. Annals of Mathematics, 1936 (37): 645-680.

[87] HAMILTON J D, SUSMEL R. Autoregressive conditional heteroskedasticity and changes in regime [J]. Journal of Econometrics, 1994, 64 (1-2): 307-333.

[88] HANSEN P R, LUNDE A, NASON J M. The Model Confidence Set [J]. Econometrica, 2011, 79 (2): 453-497.

[89] HIRSHLEIFER D, TEOH S H. Limited attention, information disclosure, and financial reporting [J]. Journal of Accounting & Economics, 2003, 36 (1-3): 337-386.

[90] HO C C, MACDORMAN K F, PRAMONO Z A D D. Human emotion and the uncanny valley: a GLM, MDS, and Isomap analysis of robot video ratings [C]. ACM/IEEE International Conference on Human - Robot Interaction. IEEE, 2012: 169-176.

[91] HOPCROFT J. Future Directions in Computer Science [C]. In The 2nd International Frontiers of Algorithmic Workshop. Changsha, China, June 2008.

[92] HOSSAIN A, NASSER M. Recurrent Support and Relevance Vector Machines Based Model with Application to Forecasting Volatility of Financial Returns [J]. Journal of Intelligent Learning Systems & Applications, 2011, 3 (4): 230-241.

[93] HOU C, JIAO Y, WU Y, et al. Relaxed maximum - variance unfolding [J]. Optical Engineering, 2008, 47 (7): 077202.

[94] HOU K, XIONG W, PENG L. A Tale of Two Anomalies: The Implication of Investor Attention for Price and Earnings Momentum [J]. Social Science Electronic Publishing, 2009, 45: 416-418.

[95] HUANG Y, KOU G. A Kernel Entropy Manifold Learning Approach for Financial Data Analysis [J]. Decision Support Systems, 2014, 64 (8): 31-42.

[96] HUANG Y, KOU G. A kernel entropy manifold learning approach for financial data analysis [M]. Elsevier Science Publishers B. V. 2014.

[97] INCE H, TRAFALIS T B, TRAFALIS T. Short Term Forecasting with Support Vector Machines and Application to Stock Price Prediction [J]. International Journal of General Systems, 2008, 37 (6): 677-687.

［98］J. SÁNCHEZ. MARDIA, K. V. J. T. KENT, J. M. Multivariate Analysis ［J］. Biometrical Journal, 2010, 24 (5): 502-512.

［99］JAYADEVA, KHEMCHANDANI R, CHANDRA S. Twin Support Vector Machines for Pattern Classification ［J］. IEEE Transactions on Pattern Analysis & Machine Intelligence, 2007, 29 (5): 905-910.

［100］KARA Y, ACAR BOYACIOGLU M, BAYKAN Ö K. Predicting direction of stock price index movement using artificial neural networks and support vector machines ［J］. Expert Systems with Applications, 2011, 38 (5): 5311-5319.

［101］KLYMCHUK T. Regularizing algorithm for mixed matrix pencils ［J］. Applied Mathematics & Nonlinear Sciences, 2017, 2 (1): 123-130.

［102］KRISTJANPOLLER W, FADIC A, MINUTOLO M C. Volatility forecast using hybrid Neural Network models ［J］. Expert Systems with Applications, 2014, 41 (5): 2437-2442.

［103］KUMAR M A, GOPAL M. Least squares twin support vector machines for pattern classification ［J］. Expert Systems with Applications, 2009, 36 (4): 7535-7543.

［104］KUNG L M, YU S W. Prediction of index futures returns and the analysis of financial spillovers—A comparison between GARCH and the grey theorem ［J］. European Journal of Operational Research, 2008, 186 (3): 1184-1200.

［105］LEE Y J, MANGASARIAN O L. SSVM: A Smooth Support Vector Machine for Classification ［J］. Computational Optimization & Applications, 2001, 20 (1): 5-22.

［106］LIAN W, TALMON R, ZAVERI H, et al. Multivariate time-series analysis and diffusion maps ［J］. Signal Processing, 2015, 116: 13-28.

［107］LIANG Y, NIU D, YE M, et al. Short-Term Load Forecasting Based on Wavelet Transform and Least Squares Support Vector Machine Optimized by Improved Cuckoo Search ［J］. Energies, 2016, 9 (10): 827.

［108］LIAO T L, SUNG H C, YU M T. Advertising and Investor Recognition of Banking Firms: Evidence from Taiwan ［J］. Emerging Markets Finance & Trade, 2016, 52 (4): 812-824.

［109］LILLO F, FARMER J D, MANTEGNA R N. Econophysics: Master curve for price-impact function ［J］. Nature, 2003, 421 (6919): 129-130.

［110］LIM C M, SEK S K. Comparing the Performances of GARCH-type Models in Capturing the Stock Market Volatility in Malaysia [J]. Procedia Economics & Finance, 2013, 5: 478-487.

[111] LIN C F, WANG S D. Fuzzy support vector machines [J]. IEEE Transactions on Neural Networks, 2002, 13 (2): 464-471.

[112] LIN F, YEH C C, LEE M Y. The use of hybrid manifold learning and support vector machines in the prediction of business failure [J]. Knowledge-Based Systems, 2011, 24 (1): 95-101.

[113] LIN T, ZHA H. Riemannian manifold learning [J]. IEEE Transactions on Pattern Analysis & Machine Intelligence, 2008, 30 (5): 796-809.

[114] LU X, QUE D, CAO G. Volatility Forecast Based on the Hybrid Artificial Neural Network and GARCH-type Models [J]. Procedia Computer Science, 2016, 91: 1044-1049.

[115] MANGASARIAN O L, WILD E W. Multisurface Proximal Support Vector Machine Classification via Generalized Eigenvalues [J]. IEEE Transactions on Pattern Analysis & Machine Intelligence, 2005, 28 (1): 69-74.

[116] MARSHALL A W, OLKIN I. Multivariate Chebyshev Inequalities [J]. Annals of Mathematical Statistics, 1960, 31 (4): 1001-1014.

[117] NIKLIS D, DOUMPOS M, ZOPOUNIDIS C. Combining market and accounting-based models for credit scoring using a classification scheme based on support vector machines [J]. Applied Mathematics & Computation, 2014, 234 (8): 69-81.

[118] NING C, XU D, WIRJANTO T S. Is volatility clustering of asset returns asymmetric? [J]. Journal of Banking & Finance, 2015, 52: 62-76.

[119] OSUNA E E. Support vector machines: Training and applications [J]. A. I. Memo no. 1602, C. B. C. L. Paper, 1997, 144 (9): 1308-16.

[120] PAI P F, TAN Y S, HSU M F. Credit Rating Analysis by the Decision-Tree Support Vector Machine with Ensemble Strategies [J]. International Journal of Fuzzy Systems, 2015, 17 (4): 521-530.

[121] PELLEGRINO F, COUPÉ, CHRISTOPHE, MARSICO E. Across-Language Perspective on Speech Information Rate [J]. Language, 2011, 87 (3): 539-558.

[122] PENG X. A v-twin support vector machine (v-TSVM) classifier and its geometric algorithms [J]. Information Sciences, 2010, 180 (20): 3863-3875.

[123] PLISKA S. Introduction to Mathematical Finance: Discrete-Time Models [J]. All Publications, 1997, 14 (4071): 625.

[124] PREIS T, KENETT D Y, STANLEY H E, et al. Quantifying the behavior of stock correlations under market stress [J]. Sci Rep, 2012, 2 (7420): 752.

[125] PREIS T, MOAT H S, STANLEY H E. Quantifying Trading Behavior in Financial Markets Using Google Trends [J]. Scientific Reports, 2013, 3: 1684 - 1691.

[126] PREIS T, REITH D, STANLEY H E. Complex dynamics of our economic life on different scales: insights from search engine query data [J]. Philosophical Transactions Mathematical Physical & Engineering Sciences, 2010, 368 (1933): 5707-5719.

[127] HAN R, CAO Q, GUIRAO J, et al. Fuzzy chance constrained least squares twin support vector machine for uncertain classification [J]. Journal of Intelligent & Fuzzy Systems, 2017, 33 (5): 3041-3049.

[128] CAO Q L, LU Y, DONG D Y, et al. The roles of bridging and bonding in social media communities [J]. Journal of The American Society for Information Science and Technology, 2013, 64 (8): 1671-1681.

[129] TALMON R, COHEN I, GANNOT S, et al. Diffusion maps for signal processing [J]. IEEE Signal Processing Magazine, 2013 (7): 75-86.

[130] RAPACH D E, STRAUSS J K, ZHOU G. International Stock Return Predictability: What Is the Role of the United States? [J]. Social Science Electronic Publishing, 2013, 68 (4): 1633-1662.

[131] ROWEIS S T, SAUL L K. Nonlinear Dimensionality Reduction by Locally Linear Embedding [J]. Science, 2000, 290 (5500): 2323-2326.

[132] BOYD S, VANDENBERGHE L. Convex Optimization [M]. Cambridge University Press, Cambridge, 2004.

[133] SAPANKEVYCH N I, SANKAR R. Time series prediction using support vector machines: a survey [J]. Computational Intelligence Magazine IEEE, 2009, 4 (2): 24-38.

[134] SAUL L K, ROWEIS S T. Think Globally, Fit Locally: Unsupervised Learning of Nonlinear Manifolds [J]. J Machine Learning Research, 2003, 4 (2): 119-155.

[135] SEUNG H S, LEE D D. Cognition. The manifold ways of perception [J].

Science, 2000, 290 (5500): 2268-2269.

[136] SHAO Y H, DENG N Y. A coordinate descent margin based-twin support vector machine for classification [J]. Neural Networks the Official Journal of the International Neural Network Society, 2012, 25 (1): 114-121.

[137] SHAVERS C, LI R, LEBBY G. An SVM-based approach to face detection [C]. Symposium on System Theory. IEEE, 2006: 362-366.

[138] SHEN D, ZHANG W, XIONG X, et al. Trading and non-trading period Internet information flow and intraday return volatility [J]. Physica A Statistical Mechanics & Its Applications, 2016, 451: 519-524.

[139] SHLEIFER A. Inefficient Markets: An Introduction To Behavioral Finance [M]. Oxford University Press, Oxford, UK, 2000.

[140] SHYNKEVICH Y, MCGINNITY T M, COLEMAN S, et al. Stock price prediction based on stock-specific and sub-industry-specific news articles [C]. International Joint Conference on Neural Networks. IEEE, 2015: 1-8.

[141] SILVA V D, TENENBAUM J B. Global versus local methods in nonlinear dimensionality reduction [C]. International Conference on Neural Information Processing Systems. MIT Press, 2002: 721-728.

[142] SIMON GERVAIS, TERRANCE ODEAN. Learning to Be Overconfident [J]. The Review of Financial Studies, 2001, 14 (1): 1-27.

[143] SIMON H A. A Behavioural Model of Rational Choice [J]. Quarterly Journal of Economics, 1955, 69 (1): 99-118.

[144] SORNETTE D, WOODARD R, ZHOU W X. The 2006-2008 oil bubble: Evidence of speculation, and prediction [J]. Physica A Statistical Mechanics & Its Applications, 2012, 388 (8): 1571-1576.

[145] TENENBAUM J B, SILVA V D, LANGFORD J C. A Global Geometric Framework for Nonlinear Dimensionality Reduction [J]. Science, 2000, 290 (5500): 2319-2323.

[146] TETLOCK P C. Does Public Financial News Resolve Asymmetric Information? [J]. Review of Financial Studies, 2010, 23 (9): 3520-3557.

[147] TETLOCK P C. Giving Content to Investor Sentiment: The Role of Media in the Stock Market [J]. Social Science Electronic Publishing, 2007, 62 (3): 1139-1168.

[148] THOMAS DIMPFL, STEPHAN JANK. Can Internet Search Queries Help

to Predict Stock Market Volatility? [J]. European Financial Management, 2015, 22 (2): 171-192.

[149] TOBIAS PREIS, DANIEL REITH, H. EUGENE STANLEY. Complex dynamics of our economic life on different scales: insights from search engine query data [J]. Philosophical Transactions of the Royal Society A, 2010, 368: 5707-5719.

[150] TOLVI J. Analysis of Financial Time Series by R. S. Tsay [J]. Journal of the Royal Statistical Society, 2003, 52 (1): 128-129.

[151] TONG H. Non-linear time series: a dynamical system approach, Howell Tong [M]. OAI, 1990.

[152] TRAFALIS T B, GILBERT R C. Robust classification and regression using support vector machines [J]. European Journal of Operational Research, 2006, 173 (3): 893-909.

[153] TSENG C H, CHENG S T, WANG Y H, et al. Artificial neural network model of the hybrid EGARCH volatility of the Taiwan stock index option prices [J]. Physica A Statistical Mechanics & Its Applications, 2008, 387 (13): 3192-3200.

[154] TVERSKY A, KAHNEMAN D. Availability: A heuristic for judging frequency and probability [J]. Cognitive Psychology, 1973, 5 (2): 207-232.

[155] WANG G J, SCHOOL B. Time Series Forecast of Stock Price Based on the PSO-LSSVM Predict Model [J]. Science Technology & Industry, 2017 (10): 175-183.

[156] WANG X, FAN N, PARDALOS P M. Robust chance-constrained support vector machines with second-order moment information [J]. Annals of Operations Research, 2018, 263 (1): 45-68.

[157] WANG Y, PAN Z, WU C. Volatility spillover from the US to international stock markets: A heterogeneous volatility spillover GARCH model [J]. Journal of Forecasting, 2018, 37 (3).

[158] WEINBERGER K Q, SHA F, SAUL L K. Learning a kernel matrix for nonlinear dimensionality reduction [C]. International Conference on Machine Learning. ACM, 2004: 106.

[159] WILLIAM M. BOOTHBY. 微分流形与黎曼几何引论（英文版·第2版修订版）[M]. 北京：人民邮电出版社，2007.

[160] XIONG R, NICHOLS E P, SHEN Y. Deep Learning Stock Volatility with Google Domestic Trends [J]. arXiv: Computational Finance, 2015.

[161] YANG H, CHAN L, KING I. Support Vector Machine Regression for Volatile Stock Market Prediction [J]. Intelligent Data Engineering and Automated Learning-IDEAL. 2002, 2412: 391-396.

[162] YU YUAN. Market-wide attention, trading, and stock returns [J]. Journal of Financial Economics, 2015, 116 (3): 548-564.

[163] ZHANG W, SHEN D, ZHANG Y, et al. Open source information, investor attention, and asset pricing [J]. Economic Modelling, 2013, 33 (2): 613-619.

[164] ZHANG Y J, ZHANG J L. Volatility forecasting of crude oil market: A new hybrid method [J]. Journal of Forecasting, 2018, 37 (8).

[165] ZHANG Y, ZHANG Z, QIN J, et al. Semi-Supervised Local Multi-Manifold Isomap by Linear Embedding for Feature Extraction [J]. Pattern Recognition, 2018 (76): 662-678.

[166] ZHANG Z, XING F, WANG H, et al. Revisiting Graph Construction for Fast Image Segmentation [J]. Pattern Recognition, 2018, 78: 344-357.

[167] ZHI D A, ENGELBERG J, GAO P. In Search of Attention [J]. Journal of Finance, 2011, 66 (5): 1461-1499.

[168] ZHI DA, JOSEPH ENGELBERG, PENGJIE GAO. The Sum of All FEARS Investor Sentiment and Asset Prices [J]. Social Science Electronic Publishing, 2015, 28 (10): 1-32.

[169] ZHOU Y-L, HAN R-J, et al. Long short-term memory networks for CSI300 volatility prediction with Baidu search volume [J]. Concurrency and Computation: Practice and Experience, 2019, 31 (10).

[170] ZHU L, PAN Y, WANG J. Affine Transformation Based Ontology Sparse Vector Learning Algorithm [J]. Applied Mathematics & Nonlinear Sciences, 2017, 2 (1): 111-122.

附 录

附录 A 百度指数提取主要代码

```
#！/usr/bin/python3. 4
    #-＊-coding：utf-8-＊-
        import time
    from selenium import webdriver
    from selenium.webdriver.common.action_chains import ActionChains
    from PIL import Image
    import pytesseract

    def openbrowser( )：
        global browser

    # https：//passport.baidu.com/v2/? login
    url = " https：//passport.baidu.com/v2/? login&tpl = mn&u = http%3A%2F%
2Fwww.baidu.com%2F"
    browser = webdriver.Chrome( )
    browser.get( url)
    # print( " " )
    # time.sleep( )
    browser.find_element_by_id( " CHAPMAN98990userName" ) .clear( )
    browser.find_element_by_id( " CHAPMAN98990password" ) .clear( )
    account = [ ]
```

```
try:
    fileaccount = open( " ../baidu/id.txt" , encoding =' UTF-8 ')
    accounts = fileaccount.readlines( )
    for acc in accounts:
        account.append( acc.strip( ) )
    fileaccount.close( )
except Exception as err:
    print( err)
    input( "")
    exit( )
browser.find_element_by_id ( " CHAPMAN98990userName" ).send_keys ( ac-
count[ 0 ] )
browser.find_element_by_id ( " CHAPMAN98990password" ).send_keys ( ac-
count[ 1 ] )
# id = " CHAPMAN98990submit"
browser.find_element_by_id( "CHAPMAN98990submit" ).click( )
select = input( " ( y/n) :" )
while 1:
    if select = = " Y" or select = = "y" :
        print( "")
        print( "")
        # time.sleep( 1 )
        # browser.quit( )
        break
    elif select = = "n" or select = = "N" :
    selectno = input( "")
    if selectno = = "0" :
        browser.find_element_by_id( "CHAPMAN98990userName" ).clear( )
        browser.find_element_by_id( "CHAPMAN98990password" ).clear( )
    account = [ ]
    try:
        fileaccount = open( " ../baidu/account.txt" , encoding =' UTF-8 ')
        accounts = fileaccount.readlines( )
```

```
        for acc in accounts:
            account.append(acc.strip())
        fileaccount.close()
    except Exception as err:
        print(err)
        input("")
        exit()
    browser.find_element_by_id("CHAPMAN98990userName").send_keys(ac-
count[0])
    browser.find_element_by_id("CHAPMAN98990password").send_keys(ac-
count[1])
        browser.find_element_by_id("CHAPMAN98990submit").click()
    elif selectno=="1":
        input("")
        select=input("(y/n):")

    else:
        print("")
        select=input("(y/n):")


def getindex(keyword, day):
    openbrowser()
    time.sleep(2)

    # http://blog.csdn.net/DongGeGe214/article/details/52169761
    js='window.open("http://index.baidu.com");'
    browser.execute_script(js)
    handles=browser.window_handles
    browser.switch_to_window(handles[-1])
    time.sleep(5)
    browser.find_element_by_id("schword").clear()
    browser.find_element_by_id("schword").send_keys(keyword)
    browser.find_element_by_id("searchWords").click()
```

```
time.sleep(5)
browser.maximize_window()
time.sleep(2)
sel='//a[@rel="'+str(day)+'"]'
browser.find_element_by_xpath(sel).click()
time.sleep(2)
# ActionChains(browser).move_by_offset(0,-80).perform()
# <div id="trend" class="R_paper" style="height:480px;_background-
color:#fff;"><svg height="460" version="1.1" width="954" xmlns="http://
www.w3.org/2000/svg" style="overflow: hidden; position: relative; left:-0.5px;">
# <rect x="20" y="130" width="914" height="207.66666666666666"
r="0" rx="0" ry="0" fill="#ff0000" stroke="none" opacity="0" style="-
webkit-tap-highlight-color: rgba(0, 0, 0, 0); opacity: 0;"></rect>
# xoyelement=browser.find_element_by_xpath('//rect[@stroke="none"]')
xoyelement=browser.find_elements_by_css_selector("#trend rect")[2]
num=0
# x=xoyelement.location['x']
# y=xoyelement.location['y']
# width=xoyelement.size['width']
# height=xoyelement.size['height']
# print(x,y,width,height)
x_0=1
y_0=0


if day=="all":
    day=1000000


index=[]
try:
    #webdriver.ActionChains(driver).move_to_element().click().perform()
    for i in range(day):
        ActionChains(browser).move_to_element_with_offset(xoyelement, x_
0, y_0).perform()
```

```python
if day = = 7:
    x_0 = x_0+202. 33
elif day = = 30:
    x_0 = x_0+41. 68
elif day = = 90:
    x_0 = x_0+13. 64
elif day = = 180:
    x_0 = x_0+6. 78
elif day = = 1000000:
    x_0 = x_0+3. 37222222
time.sleep(2)
# <div class = "imgtxt" style = "margin-left:-117px;"></div>
imgelement = browser.find_element_by_xpath('//div[@ id = "view-
box"]')
        locations = imgelement.location
        scroll = browser.execute_script("return window.scrollY;")
        top = locations['y']-scroll

        sizes = imgelement.size

        add_length = (len(keyword)-2) * sizes['width'] / 15

        rangle = (
        int(locations['x']+sizes['width'] / 4+add_length), int(top+sizes
['height'] / 2),
        int(locations['x']+sizes['width'] *2/3), int(top+sizes['height']))
        path = "../baidu/" +str(num)
        browser.save_screenshot(str(path) +".png")
        img = Image.open(str(path) +".png")
        jpg = img.crop(rangle)
        jpg.save(str(path) +".jpg")
```

```python
        jpgzoom = Image.open(str(path)+".jpg")
        (x, y) = jpgzoom.size
        x_s = 146
        y_s = 58
        out = jpgzoom.resize((x_s, y_s), Image.ANTIALIAS)
        out.save(path+'zoom.jpg', 'png', quality=95)

        try:
            image = Image.open(str(path)+"zoom.jpg")
            code = pytesseract.image_to_string(image)
            if code:
                index.append(code)
            else:
                index.append("")
        except:
            index.append("")
        num = num+1

    except Exception as err:
        print(err)
        print(num)


if __name__ == "__main__":
    keyword = input("")
    sel = int(input(""))
    day = 0
    if sel == 1:
        day = 7
    elif sel == 2:
        day = 30
    elif sel == 3:
        day = 90
    elif sel == 4:
```

```
        day = 180
    elif sel == 5:
        day = " all"
    getindex(keyword, day)
```

模糊机会约束最小二乘双支持向量机算法及其在金融市场应用的研究

附录 B　FCC-LSTSVM 主要代码

```matlab
# function 1.m
x = csvread('F:\MatlabCode\HS300.csv');
y = x(:,2);
[m n] = size(y);
T = 120;
clusters = 50;
sample = zeros(T,(m/T));
for k = 1:m/T;
    sample(:,k) = y((k-1) * T+1:k * T);
end
fea = mapminmax(sample);
Norm = zeros(m/T,m/T);
for i = 1:m/T
    for    j = 1:m/T
        Norm(i,j) = sum((fea(:,i)-fea(:,j)).^2);
    end
end
o_center = zeros(T,clusters);
[p,q] = find(Norm == max(max(Norm)));%
o_center(:,1) = fea(:,p(1));
o_center(:,2) = fea(:,p(2));
fea(:,p(1)) = [];fea(:,p(2)) = [];
for g = 1:clusters
    D = zeros(size(fea,2),2);
    for v = 1:g
        D = zeros(size(fea,2),v);
        for u = 1:size(fea,2)
            D(v,u) = sum((o_center(:,v)-fea(:,u)).^2);
        end
```

```
        end
    [s,t] = find(D = =max(max(D)));
    o_center(:,g) = fea(:,s(1));
    fea(:,s(1)) = [];
end
    feature = mapminmax(sample);
    V = cell(1,clusters);
    for g = 1:size(sample,2)
        for h = 1:size(o_center,2)
            distance(h,g) = sum((o_center(:,h)-feature(:,g)).^2);
            if (distance(h,g) = =min(distance(:,g)))
                V{1,h}(:,b) = feature(:,g);
        end
    end
end


# function 2.m
bestv = 0.00004; bestg = 0.001;
pp = max(find(Train(:,n) = =1));
tTest = Test(:,1:n-1);
tTrain = Train(:,1:n-1);
tTrainA = tTrain(1:pp,:);
tTrainB = tTrain(pp+1:size(tTrain,1),:);
for tl = 1:size(tTrain,1)
        for tj = 1:size(tTrainA,1)
            trainK1(tj,tl) = exp(-bestg * (norm(tTrainA(tj,:) - tTrain
(tl,:))));
            for tk = 1:size(tTrainB,1)
            trainK2(tk,tl) = exp(-bestg * (norm(tTrainB(tk,:) - tTrain
(tl,:))));
            end
        end
    end
```

```matlab
tS = [ trainK1 , ones ( size ( trainK1 , 1 ) , 1 ) ] ;
tR = [ trainK2 , ones ( size ( trainK2 , 1 ) , 1 ) ] ;
tM = tR * inv ( ( tS ' * tS ) + 0. 001 * eye ( size ( tS ' , 1 ) , size ( tS ' , 1 ) ) ) * tR ' ;
tN = tS * inv ( ( tR ' * tR ) + 0. 001 * eye ( size ( tR ' , 1 ) , size ( tR ' , 1 ) ) ) * tS ' ;
tX1 = quadprog ( tM , [ ] , - 1 * ones ( 1 , size ( tM , 1 ) ) , - 1 * bestv , [ ] , [ ] , ze-
ros ( 1 , size ( tM , 1 ) )' , 1 / size ( Train , 1 ) * ones ( 1 , size ( tM , 1 ) )' ) ;
tX2 = quadprog ( tN , [ ] , - 1 * ones ( 1 , size ( tN , 1 ) ) , - 1 * bestv , [ ] , [ ] , ze-
ros ( 1 , size ( tN , 1 ) )' , 1 / size ( Train , 1 ) * ones ( 1 , size ( tN , 1 ) )' ) ;
thyper1 = - inv ( ( tS ' * tS ) + 0. 001 * eye ( size ( tS ' , 1 ) ) ) * tR ' * tX1 ;
thyper2 = - inv ( ( tR ' * tR ) + 0. 001 * eye ( size ( tR ' , 1 ) ) ) * tS ' * tX2 ;
tstandard = zeros ( size ( tTest , 1 ) , 1 ) ;
for tll = 1 : size ( tTrain , 1 )
    for tjj = 1 : size ( tTest , 1 )
        ttestK ( tjj , tll ) = exp ( - X ( r , s ) * ( norm ( tTest ( tjj , : ) - tTrain
( tll , : ) ) ) ) ;
    end
end
for    tjjj = 1 : size ( tTest , 1 )
    if abs ( ttestK ( tjjj , : ) * thyper1 ( 1 : size ( thyper1 , 1 ) - 1 ) + thyper1 ( size
( thyper1 , 1 ) ) ) < = abs ( ttestK ( tjjj , : ) * thyper2 ( 1 : size ( thyper2 , 1 ) - 1 ) + thyper2
( size ( thyper2 , 1 ) ) ) ;
        tstandard ( tjjj , 1 ) = 1 ;
    else
        tstandard ( tjjj , 1 ) = - 1 ;
    end
end
tacc = length ( find ( tstandard ( : , 1 ) = = Test ( : , n ) ) ) / size ( Test , 1 ) ;


#function 3.m
function [ p ] = hehe ( xxx )
A = xlsread ( '' ) ;
ce = 87 ;   lei = 54 ;
```

```
c = xxx ;
duan = 120 ;
shuliang = 1872 ;
W = reshape( A( : ,2) ,duan ,length( A( : ,2) )/duan ) '; Q1 = W( 1 : shuliang *
2 , : ) ;
Q = guiyihua( Q1 ) ; Q2 = Q1( 2 :2 :2 * shuliang , : ) ;
Q4 = Q( 1 :2 :2 * shuliang−1 , : ) ;
%%
X3 = Q2( : ,( 1+( 120−ce) :120) ) ;
Qz = Q4( : ,( 1+( 120−ce) :120) ) ;

co = pdist2( Qz ,Qz) ;
m = max( max( co) ) ;
[ x ,y] = find( co = = m) ;
center = zeros( lei ,ce) ;
center( 1 , : ) = Qz( x( 1) , : ) ;
center( 2 , : ) = Qz( y( 1) , : ) ;
Qz( x( 1) , : ) = [ ] ;
Qz( y( 1) , : ) = [ ] ;
for k = 1 : lei−2
    D = pdist2( center( 1 : k+1 , : ) ,Qz( 1 : shuliang−1−k , : ) ) ;
    K = max( min( D) ) ;
    [ w ,wz] = find( D = = K) ;
    center( k+2 , : ) = Qz( wz , : ) ;
    Qz( wz , : ) = [ ] ;
end
Pz = Q4( : ,( 1+( 120−ce) :120) ) ;
[ m ,n] = size( Pz) ;
counter = 0 ;
M = center ;
Mold = zeros( lei ,n) ;
while true ;
    counter = counter+1 ;
```

```
count = zeros ( 1 , lei ) ;

C = cell ( 1 , lei ) ;
EE = cell ( 1 , lei ) ;
for i = 1 : lei ;
    C { 1 , i } = zeros ( 1 , n ) ;
    EE { 1 , i } = zeros ( 1 , n ) ;
end
for i = 1 : m ;
    gap = pdist2 ( M , Pz ( i , : ) ) ;
    [ y , l ] = min ( gap ) ;
    count ( l ) = count ( l ) + 1 ;
    C { 1 , l } ( count ( l ) , : ) = Pz ( i , : ) ;     EE { 1 , l } ( count ( l ) , : ) = X3 ( i , : ) ;
end
    Mold = M ;
    for i = 1 : lei ;
        M ( i , : ) = mean ( C { 1 , i } ) ;
    end
    tally = eye ( lei , lei ) . * pdist2 ( Mold , M ) ;
    if sum ( sum ( tally ) ) = = 0 ;
        break ;
    end
end
junzhi = zeros ( 1 , lei ) ;
for o = 1 : lei       junzhi ( o ) = mean ( EE { 1 , o } ( : , ce ) - EE { 1 , o } ( : , 1 ) ) ;
end
y = 4221 ; % find ( W ( : , 1 ) > = 20140101 , 1 ) ;
jcpp = W ( shuliang * 2 + 1 : y - 1 , : ) ;
len = length ( jcpp ) / 2 ;
zs = jcpp ( 1 : 2 : len * 2 - 1 , : ) ;
xw = jcpp ( 2 : 2 : len * 2 , : ) ; % zss = guiyihua ( zs ) ;
zsss = zss ( : , ( 1 + ( 120 - ce ) : 120 ) ) ; x = xw ( : , ce ) - xw ( : , 1 ) ;
```

```
for l = 1 : len;
    q = exp( -c * pdist2( zsss( l, : ),M ) ) ;
    yuce( l,1 ) = ( q * junzhi ')/sum( q ) ;
end
p( 1, : ) = yuce;
p( 2, : ) = x;
end


#function 4.m
    c = 1; gamma = 0. 5;
    for ii = 3;
        CTest = Train{ ii } ;
        newCTest = [ mapminmax( CTest( :,1:n-1 ) ),CTest( :,n ) ] ;
        Train{ ii } = [ ] ;
        CTrain = [ Train{ 1 } ; Train{ 2 } ;Train{ 3 } ;Train{ 4 } ;Train{ 5 } ] ;
        newCTrain = sortrows( [ mapminmax( CTrain( :,1:n-1 ) ),CTrain( :,n ) ],n ) ;
        max = max( find( newCTrain( :,n ) = =-1 ) ) ;
        BB = newCTrain( 1:max, : ) ;
        AA = newCTrain( max+1:size( newCTrain,1 ), : ) ;
        BBB = BB( :,1:n-1 ) ;
        AAA = AA( :,1:n-1 ) ;
        CCC = [ AAA;BBB ] ;
        %search the best c and gamma
        K1 = zeros( size( AAA,1 ),size( CCC,1 ) ) ;
        K2 = zeros( size( BBB,1 ),size( CCC,1 ) ) ;
        for l = 1:size( CCC,1 )
            for j = 1:size( AAA,1 )
                K1( j,l ) = exp( -gamma * ( norm( AAA( j,: )-CCC( l,: ) ) ) ) ;
                for   kk = 1:size( BBB,1 )
                    K2( kk,l ) = exp( -gamma * ( norm( BBB( kk,: )-CCC( l,: ) ) ) ) ;
                end
            end
```

```
end
%process of training
S = [ K1,ones( size( K1,1) ,1) ];
R = [ K2,ones( size( K2,1) ,1) ];
M = R * inv( ( S ' * S) +0. 001 * eye( size( S ',1) ,size( S ',1) ) ) * R ';
N = S * inv( ( R ' * R) +0. 001 * eye( size( R ',1) ,size( R ',1) ) ) * S ';
[ x1,z] = quadprog( M, -1 * ones( 1,size( M,1) ) )',[ ],[ ],[ ],[ ],zeros
( 1,size( M,1) )',c * ones( 1,size( M,1) )') ;
[ x2,z] = quadprog( N, -1 * ones( 1,size( N,1) ) )',[ ],[ ],[ ],[ ],zeros
( 1,size( N,1) )',c * ones( 1,size( N,1) )') ;
hyper1 = -inv( ( S ' * S) +0. 001 * eye( size( S ',1) ) ) * R ' * x1;
hyper2 = -inv( ( R ' * R) +0. 001 * eye( size( R ',1) ) ) * S ' * x2;
standard = zeros( size( newCTest,1) ,1) ;
accu = zeros( size( newCTest,1) ,1) ;
nolabelCtest = newCTest( :,1 :n-1) ;
testK = zeros( size( nolabelCtest,1) ,size( CCC,1) ) ;
for ll = 1 :size( CCC,1)
    for jj = 1 :size( nolabelCtest,1)
        testK ( jj, ll) = exp ( - gamma * ( norm ( nolabelCtest ( jj,:) - CCC
( ll,:) ) ) ) ;
        if abs ( testK ( jj,:) * hyper1 ( 1 : size ( hyper1 ) - 1) ) < = abs ( testK
( jj,:) * hyper2( 1 :size( hyper2) -1) ) ;
            standard( jj,1) = 1
        else
            standard( jj,1) = -1
        end
    end
end
accu( ii,1) = count( standard( :,1) ~ = newCTest( :,n) ) ;
end
```

```
function 5.m

[m n] = size(Vector);
for i = 1:m
    if Vector(i,n) ~ = 1
        Vector(i,n) = -1;
    end
end
Vec = sortrows(Vector,n);
p = max(find(Vec(:,n) = = -1));
B = Vec(1:p,:);
A = Vec(p+1:m,:);
C = [A;B];
wTrain = [A(1:fix(0.7 * size(A,1)),:);B(1:fix(0.7 * size(B,1)),:)];
wTest = [A(fix(0.7 * size(A,1))+1:size(A,1),:);B(fix(0.7 * size(B,1))
+1:size(B,1),:)];
Train = [mapminmax(wTrain(:,1:n-1)),wTrain(:,n)];
Test = [mapminmax(wTest(:,1:n-1)),wTest(:,n)];
%choosen by random ways
count = floor(size(Train,1)/5);
numrem = rem(size(Train,1),5);
TTest = cell(1,5);
TTrain = cell(1,5);
for k = 1:5
    for j = 1:count
        TTest{k}(j,:) = Train(5 * j-5+k,:);
    end
end
for mm = 1:numrem
    TTest{mm}(count+1,:) = Train(5 * count+mm,:);
end
for iii = 1:5
    TTrain{iii} = [TTest{1};TTest{2};TTest{3};TTest{4};TTest{5}];
```

```
TTrain{iii}(ismember(TTrain{iii},[TTest{iii}],'rows')==1,:)=[];
newTrain{iii}=sortrows([mapminmax(TTrain{iii}(:,1:n-1)),TTrain
{iii}(:,n)],n);
    end
[X,Y]=meshgrid(2^-10:2:2^10,2^-10:2:2^10);
[xm,xn]=size(X);
cg=zeros(xm,xn);
bestacc=0;
for r=1:xm%Cross Validation
    for s=1:xn
        for ii=1:5
            Max{ii}=max(find(newTrain{ii}(:,n)==-1));
            BB{ii}=[newTrain{ii}(1:Max{ii},:)];
            AA{ii}=[newTrain{ii}(Max{ii}+1:size(newTrain{ii},1),:)];
            BBB{ii}=BB{ii}(:,1:n-1);
            AAA{ii}=AA{ii}(:,1:n-1);
            CCC{ii}=[AAA{ii};BBB{ii}];
            %search the best c and gamma
            K1{ii}=zeros(size(AAA{ii},1),size(CCC{ii},1));
            K2{ii}=zeros(size(BBB{ii},1),size(CCC{ii},1));
            for l=1:size(CCC{ii},1)
                for j=1:size(AAA{ii},1)
                    K1{ii}(j,l)=exp(-X(r,s)*(norm(AAA{ii}(j,:)-CCC{ii}
(l,:))));
                    for kk=1:size(BBB{ii},1)
                        K2{ii}(kk,l)=exp(-X(r,s)*(norm(BBB{ii}(kk,:)-CCC
{ii}(l,:))));
                    end
                end
            end
            S{ii}=[K1{ii},ones(size(K1{ii},1),1)];
            R{ii}=[K2{ii},ones(size(K2{ii},1),1)];
            M{ii}=R{ii}*inv((S{ii}'*S{ii})+0.001*eye(size(S{ii}',1),
```

```
size(S{ii}',1))) * R{ii}';
        N{ii} = S{ii} * inv((R{ii}' * R{ii}) +0.001 * eye(size(R{ii}',1),
size(R{ii}',1))) * S{ii}';
        X1{ii} = quadprog(M{ii}, -1 * ones(1,size(M{ii},1))',[],[],[],
[],zeros(1,size(M{ii},1))',Y(r,s) * ones(1,size(M{ii},1))');
        X2{ii} = quadprog(N{ii}, -1 * ones(1,size(N{ii},1))',[],[],[],
[],zeros(1,size(N{ii},1))',Y(r,s) * ones(1,size(N{ii},1))');
        hyper1{ii} = -inv((S{ii}' * S{ii}) +0.001 * eye(size(S{ii}',1))) *
R{ii}' * X1{ii};
        hyper2{ii} = -inv((R{ii}' * R{ii}) +0.001 * eye(size(R{ii}',1)))
* S{ii}' * X2{ii};
        standard{ii} = zeros(size(TTest{ii},1),1);
        nolabelCtest{ii} = mapminmax(TTest{ii}(:,1:n-1));
        for ll = 1:size(CCC{ii},1)
          for jj = 1:size(nolabelCtest{ii},1)
            testK{ii}(jj,ll) = exp(-X(r,s) * (norm(nolabelCtest{ii}(jj,:) -
CCC{ii}(ll,:))));
          end
        end
        for    jjj = 1:size(nolabelCtest{ii},1)
          if abs(testK{ii}(jjj,:) * hyper1{ii}(1:size(hyper1{ii},1)-1) +
hyper1{ii}(size(hyper1{ii},1))) <= abs(testK{ii}(jjj,:) * hyper2{ii}(1:size
(hyper2{ii})-1)+hyper2{ii}(size(hyper2{ii},1)));
              standard{ii}(jjj,1) = 1;
          else
              standard{ii}(jjj,1) = -1;
          end
        end
        acc{ii} = length(find(standard{ii}(:,1) == TTest{ii}(:,n)))/size
(TTest{ii},1);
        end
        cg(r,s) = sum(cell2mat(acc))/5;
        if  cg(r,s) > bestacc
```

```
            bestacc = cg( r,s ) ;
            bestc = 2^X( r,s ) ;
            bestg = 2^Y( r,s ) ;
        end

    end
end
```

附录 C 部分关键词百度指数

移动端部分关键词百度指数

日期	保险	财政收入	贷款	反腐	房地产	通货膨胀	杠杆	股票	广告	机票	教育	结婚
2012/2/10	3 971	99	1 227	336	960	1 784	116	9 287	860	8 333	852	1 193
2012/2/11	3 166	96	1 142	279	955	1 691	106	5 519	850	8 162	853	1 206
2012/2/12	3 221	115	1 119	297	962	1 691	112	5 709	861	8 080	863	1 261
2012/2/13	4 279	116	1 322	315	1 010	1 777	95	9 497	874	8 048	853	1 182
2012/2/14	4 053	119	1 187	301	942	1 771	126	8 751	871	7 590	863	1 097
2012/2/15	4 284	150	1 209	265	973	1 792	136	9 480	885	7 846	863	1 226
2012/2/16	4 449	124	1 224	361	927	1 788	139	9 255	870	7 273	884	1 136
2012/2/17	4 011	103	1 239	341	912	1 727	111	8 526	855	7 577	880	996
2012/2/18	3 204	104	1 151	271	938	1 769	134	5 299	861	7 146	847	1 045
2012/2/19	3 207	78	1 193	244	911	1 876	103	5 534	860	7 071	872	1 071
2012/2/20	4 356	115	1 382	294	957	1 896	130	9 695	904	7 431	899	1 078
2012/2/21	4 651	115	1 364	387	961	1 882	155	9 345	905	7 583	877	1 051
2012/2/22	4 637	148	1 301	323	980	1 878	148	10 470	904	7 623	907	1 088
2012/2/23	4 445	115	1 149	337	963	1 868	136	10 712	910	7 618	898	1 088
2012/2/24	4 176	112	1 286	316	990	1 780	111	9 804	875	7 115	894	1 035
2012/2/25	3 389	103	1 116	265	961	1 755	142	5 924	861	6 650	887	1 052
2012/2/26	3 415	121	1 199	319	956	1 773	109	5 625	877	6 653	874	1 109
2012/2/27	4 272	125	1 153	327	991	1 938	150	11 114	911	7 244	873	1 181
2012/2/28	4 301	122	1 272	301	992	1 897	159	10 536	895	7 476	888	1 036
2012/2/29	4 255	124	1 268	321	991	1 908	139	9 679	896	7 256	892	996
2012/3/1	4 321	116	1 273	338	998	1 884	135	10 228	906	7 492	913	1 197
2012/3/2	3 970	109	1 364	351	1 024	1 824	141	10 232	918	7 374	896	1 027
2012/3/3	3 446	105	1 311	358	958	1 825	151	6 429	895	7 144	915	1 341
2012/3/4	3 413	110	1 357	474	996	1 855	126	6 000	883	7 217	916	1 569
2012/3/5	4 548	145	1 577	496	990	2 201	141	11 141	922	8 151	931	1 533
2012/3/6	4 563	149	1 329	431	1 016	2 090	157	10 526	938	8 115	904	1 387

日期	保险	财政收入	贷款	反腐	房地产	通货膨胀	杠杆	股票	广告	机票	教育	结婚
2012/3/7	4 546	169	1 511	383	1 007	2 015	139	10 323	933	7 754	906	1 342
2012/3/8	4 275	151	1 327	426	986	1 910	120	10 109	939	7 283	921	1 274
2012/3/9	4 567	139	1 230	340	960	1 950	125	9 763	913	7 588	915	1 199
2012/3/10	3 561	139	1 206	326	950	1 866	100	5 878	870	7 067	888	1 365
2012/3/11	3 521	92	1 261	356	967	1 825	113	5 648	881	7 337	913	1 309
2012/3/12	4 643	161	1 416	388	963	2 078	123	10 407	911	8 325	902	1 317
2012/3/13	4 432	170	1 428	416	983	2 228	156	9 914	893	8 026	892	1 331
2012/3/14	4 555	149	1 428	404	1 198	2 073	143	12 793	897	7 899	912	1 284
2012/3/15	4 799	122	1 287	418	1 161	1 926	152	10 991	909	7 628	909	1 247
2012/3/16	4 092	103	1 209	359	993	1 917	126	9 563	885	7 618	892	1 198
2012/3/17	3 402	131	1 097	350	968	1 799	123	5 411	872	7 315	867	1 272
2012/3/18	3 396	106	1 067	389	961	1 832	116	5 029	872	7 095	894	1 410
2012/3/19	4 601	131	1 261	378	975	1 981	108	9 605	924	7 859	903	1 206
2012/3/20	4 408	171	1 280	365	950	2 234	124	9 722	907	7 997	884	1 215
2012/3/21	4 361	139	1 257	367	948	2 177	137	9 088	909	7 937	892	1 051
2012/3/22	4 257	118	1 219	374	932	1 998	178	8 640	884	8 282	878	1 022
2012/3/23	3 702	103	1 133	309	902	1 850	118	8 296	873	8 133	856	1 060
2012/3/24	2 909	109	997	308	903	1 743	111	4 577	852	7 372	844	991
2012/3/25	3 018	73	1 171	272	921	1 789	133	4 216	870	7 333	859	1 018
2012/3/26	3 990	102	1 191	391	944	1 869	146	7 763	872	8 063	871	1 004
2012/3/27	3 875	123	1 169	430	921	1 870	146	7 694	867	7 913	871	996
2012/3/28	4 024	121	1 210	488	908	1 872	137	8 398	866	8 206	867	979
2012/3/29	4 019	118	1 186	460	918	1 886	125	8 119	875	8 624	853	1 002
2012/3/30	4 113	93	1 165	409	923	1 845	116	7 637	862	8 365	870	984
2012/3/31	3 706	100	993	380	883	1 824	118	4 212	845	8 477	884	954
2012/4/1	3 231	106	1 144	355	896	1 781	146	3 994	815	9 127	825	981
2012/4/2	2 840	92	1 105	307	923	1 733	98	4 369	741	8 027	815	1 019
2012/4/3	2 659	86	1 110	330	884	1 735	106	3 947	738	7 829	757	1 005
2012/4/4	2 860	98	1 041	317	916	1 870	113	3 963	794	7 728	844	1 096
2012/4/5	3 884	138	1 296	365	959	1 893	145	8 234	882	8 951	857	1 193
2012/4/6	3 795	105	1 304	325	934	1 828	121	7 586	853	8 647	872	1 134

日期	保险	财政收入	贷款	反腐	房地产	通货膨胀	杠杆	股票	广告	机票	教育	结婚
2012/4/7	2 964	104	1 169	303	926	1 833	149	3 991	765	7 837	856	1 040
2012/4/8	3 159	112	1 247	343	919	1 899	149	4 151	853	8 153	877	1 175
2012/4/9	4 093	113	1 389	353	952	2 664	151	7 744	892	8 676	883	1 138
2012/4/10	4 204	131	1 398	342	981	2 322	139	7 716	904	8 473	901	1 064
2012/4/11	3 876	99	1 465	438	986	1 975	150	7 724	909	8 390	884	1 068
2012/4/12	3 772	154	1 288	378	960	1 934	143	8 384	908	8 603	896	997
2012/4/13	3 583	119	1 277	351	922	1 912	105	8 179	864	8 396	857	974
2012/4/14	2 955	142	1 155	323	919	1 886	109	3 601	858	7 499	881	990
2012/4/15	3 038	106	1 204	341	935	1 896	116	3 401	863	7 486	867	1 122
2012/4/16	3 944	122	1 306	387	945	1 925	147	7 936	886	8 210	873	1 064
2012/4/17	3 937	157	1 226	359	933	1 923	181	7 641	910	8 482	870	1 066
2012/4/18	3 883	122	1 289	369	931	1 920	150	8 207	926	8 596	877	1 077
2012/4/19	4 070	161	1 195	329	907	1 872	139	8 121	912	8 341	861	998
2012/4/20	3 763	104	1 211	332	909	1 876	144	7 500	874	8 075	836	973
2012/4/21	2 935	106	1 088	259	862	1 738	125	3 534	692	7 329	872	980
2012/4/22	3 184	98	1 004	294	876	1 791	119	3 419	770	7 144	806	989
2012/4/23	3 950	106	1 344	345	926	1 808	138	7 916	914	8 230	864	1 020
2012/4/24	4 138	113	1 274	418	936	1 858	133	8 380	929	8 352	872	1 000
2012/4/25	3 896	104	1 270	329	917	1 853	144	8 170	918	8 473	864	1 007
2012/4/26	3 687	118	1 200	315	914	1 785	134	7 658	914	8 276	865	1 010
2012/4/27	3 504	97	1 292	306	883	1 719	132	7 123	893	8 316	787	957
2012/4/28	3 199	95	1 247	282	867	1 610	99	3 484	898	8 121	742	947
2012/4/29	2 413	83	1 057	283	861	1 321	111	2 843	848	7 237	652	1 016
2012/4/30	2 439	79	998	270	845	1 383	105	3 263	712	7 089	666	1 187
2012/5/1	2 633	79	1 208	279	902	1 490	122	3 952	866	7 203	845	1 422
2012/5/2	3 555	84	1 284	341	938	1 801	122	9 610	900	7 804	870	1 237
2012/5/3	3 773	106	1 307	345	921	1 788	132	8 792	913	7 427	874	1 164
2012/5/4	3 505	100	1 412	291	897	1 788	138	8 271	896	6 952	859	1 145
2012/5/5	2 925	112	1 313	250	894	1 727	111	3 878	896	6 571	853	1 201
2012/5/6	2 993	90	1 314	328	917	1 786	142	3 911	916	6 499	879	1 503
2012/5/7	3 978	126	1 442	374	939	1 849	122	9 065	971	7 142	876	1 085

日期	保险	财政收入	贷款	反腐	房地产	通货膨胀	杠杆	股票	广告	机票	教育	结婚
2012/5/8	4 052	136	1 854	338	950	1 996	148	11 023	1 589	8 831	1 157	1 469
2012/5/9	3 744	103	1 284	353	913	1 898	155	8 486	945	7 286	900	1 229
2012/5/10	3 776	133	1 343	343	912	1 849	142	7 925	944	8 056	882	1 019
2012/5/11	3 565	115	1 417	336	906	1 883	154	7 827	937	6 833	887	1 084
2012/5/12	2 959	132	1 256	284	905	1 849	125	3 882	900	6 022	858	1 152
2012/5/13	2 947	100	1 259	335	936	1 882	136	3 600	894	6 224	876	1 147
2012/5/14	3 924	112	1 494	318	943	1 913	142	8 218	982	8 064	879	1 093
2012/5/15	3 828	147	1 499	349	930	1 928	119	7 820	964	6 996	867	1 042
2012/5/16	3 837	120	1 476	397	932	1 952	158	7 636	985	6 967	877	997
2012/5/17	3 990	93	1 521	367	902	1 860	154	8 028	971	7 126	891	993
2012/5/18	3 475	112	1 488	290	899	1 847	113	8 295	945	7 359	863	1 039
2012/5/19	2 856	74	1 362	339	892	1 784	138	4 064	935	6 346	863	1 072
2012/5/20	3 073	95	1 463	304	989	1 825	150	3 609	921	6 112	882	1 183
2012/5/21	3 987	92	1 488	358	921	1 920	175	8 279	963	7 081	887	1 103
2012/5/22	4 177	164	1 572	324	944	1 894	172	7 944	978	7 160	877	1 048
2012/5/23	3 903	117	1 483	322	908	1 916	147	7 791	959	7 236	879	995
2012/5/24	3 904	116	1 646	330	948	1 915	166	7 479	984	7 098	871	992
2012/5/25	3 570	106	1 584	291	913	1 839	118	7 660	940	6 943	847	975
2012/5/26	2 899	130	1 241	290	906	1 768	135	4 139	911	6 362	854	977
2012/5/27	2 952	93	1 469	315	911	1 822	153	3 687	923	6 280	866	1 036
2012/5/28	3 886	151	1 663	359	932	1 947	156	7 636	1 089	6 851	855	1 009
2012/5/29	4 034	305	4 700	369	933	2 003	153	8 094	1 100	6 895	878	1 022
2012/5/30	3 839	313	4 549	335	929	1 950	147	7 832	1 051	7 099	858	1 033
2012/5/31	3 636	298	4 457	395	903	1 898	160	7 025	988	6 842	861	966
2012/6/1	3 378	281	4 048	377	916	1 816	100	7 200	981	7 274	855	1 026
2012/6/2	2 805	276	3 621	320	907	1 793	156	3 999	980	6 683	873	1 064
2012/6/3	3 036	291	3 570	319	927	1 835	149	3 912	891	7 033	874	1 128
2012/6/4	3 782	333	4 928	349	942	2 031	142	8 649	1 064	7 976	878	1 129
2012/6/5	3 702	324	4 801	385	958	1 965	146	7 955	1 109	8 139	907	1 101
2012/6/6	3 821	348	4 699	359	950	1 986	155	7 344	1 003	8 020	902	1 110
2012/6/7	3 744	341	5 042	388	960	2 068	155	7 415	985	8 054	893	1 085

日期	保险	财政收入	贷款	反腐	房地产	通货膨胀	杠杆	股票	广告	机票	教育	结婚
2012/6/8	3 393	366	5 638	302	948	2 254	137	7 220	950	8 104	884	1 057
2012/6/9	2 747	300	4 013	266	947	1 973	134	3 720	912	7 379	911	1 151
2012/6/10	2 816	283	4 160	268	936	1 893	159	3 638	900	7 598	893	1 082
2012/6/11	3 863	475	5 540	318	959	1 997	136	7 339	987	8 485	892	1 079
2012/6/12	3 864	421	4 892	284	958	1 951	150	7 152	970	8 724	890	988
2012/6/13	3 981	372	4 810	319	986	1 896	141	7 210	928	8 816	897	1 032
2012/6/14	3 810	389	4 761	388	951	1 887	155	7 070	942	8 500	893	1 069
2012/6/15	3 598	329	4 153	323	965	1 825	151	6 534	874	8 873	856	1 000
2012/6/16	2 773	279	3 779	244	914	1 692	128	3 185	905	7 697	854	988
2012/6/17	2 890	296	3 435	225	921	1 812	132	3 246	853	7 717	859	1 045
2012/6/18	3 666	340	4 508	312	947	1 888	113	6 672	904	8 584	856	998
2012/6/19	3 799	355	4 567	360	957	1 933	112	6 528	946	8 951	895	1 006
2012/6/20	3 592	267	4 340	384	917	1 893	141	6 157	938	9 000	864	994
2012/6/21	3 331	277	4 098	349	916	1 843	100	6 363	891	8 800	884	964
2012/6/22	2 667	226	3 476	296	890	1 574	94	3 699	894	7 652	867	971
2012/6/23	2 488	251	3 028	243	917	1 618	116	2 692	857	7 103	904	992
2012/6/24	2 919	246	3 442	288	927	1 787	120	2 962	856	7 895	904	1 164
2012/6/25	3 971	313	5 116	337	955	1 868	135	6 775	912	8 745	941	1 035
2012/6/26	4 095	352	4 817	358	934	1 923	135	6 647	862	8 669	917	997
2012/6/27	4 048	359	4 641	351	957	1 870	115	6 063	871	8 761	888	988
2012/6/28	3 835	359	4 550	340	919	1 836	113	6 009	888	8 707	909	961
2012/6/29	3 646	260	4 426	306	885	1 763	124	6 068	867	8 852	879	974
2012/6/30	2 821	246	3 500	276	912	1 704	135	3 205	858	8 256	847	992
2012/7/1	2 711	243	3 697	263	947	1 805	123	3 956	866	8 726	877	1 008
2012/7/2	3 537	277	4 858	332	930	1 760	104	6 785	867	9 332	855	1 051
2012/7/3	3 577	314	4 901	301	934	1 802	123	6 820	887	9 386	886	1 099
2012/7/4	3 535	317	5 012	343	969	1 788	150	6 504	872	9 330	871	1 088
2012/7/5	3 553	265	5 412	351	952	1 807	174	6 707	859	9 350	879	1 062
2012/7/6	3 404	289	5 921	321	966	1 875	122	6 582	881	9 124	877	1 043

PC 端部分关键词百度指数

日期	保险	财政收入	贷款	反腐	房地产	通货膨胀	杠杆	股票	广告	机票	教育	结婚
2010/11/7	1 748	155	1 573	155	2 391	2 970	501	10 929	8 456	6 545	1 146	1 812
2010/11/8	2 512	189	2 421	173	3 027	4 384	445	26 768	9 531	9 091	1 324	1 748
2010/11/9	2 639	183	2 167	194	3 218	4 384	480	25 778	8 131	9 091	1 324	1 770
2010/11/10	2 491	177	2 252	176	3 091	6 788	487	24 788	6 067	8 808	1 270	1 791
2010/11/11	2 321	223	2 082	165	2 964	8 768	409	26 768	6 466	8 525	1 169	1 770
2010/11/12	2 003	579	2 025	158	2 582	11 030	317	29 737	7 930	8 525	1 130	1 812
2010/11/13	1 727	200	1 742	141	2 200	4 950	360	12 909	8 361	7 111	1 099	1 961
2010/11/14	2 003	217	1 686	169	2 264	6 364	409	11 919	7 424	7 111	1 130	2 045
2010/11/15	2 364	234	2 365	165	3 091	6 646	332	24 788	5 140	9 091	1 239	1 961
2010/11/16	2 406	228	2 223	201	3 027	6 364	325	25 778	7 647	9 374	1 356	1 855
2010/11/17	2 470	228	2 167	183	3 027	5 798	353	23 798	4 645	9 374	1 278	1 833
2010/11/18	2 448	251	2 280	183	2 964	4 950	289	21 818	5 130	9 657	1 247	1 791
2010/11/19	2 300	217	2 138	158	2 900	4 667	247	20 828	7 099	9 374	1 138	1 791
2010/11/20	1 727	166	1 827	137	2 327	4 101	268	9 939	6 961	7 394	1 138	1 833
2010/11/21	1 897	194	1 714	169	2 455	3 818	317	9 939	8 467	7 677	1 107	1 939
2010/11/22	2 448	228	2 449	201	3 345	4 242	240	21 818	8 206	10 788	1 387	1 939
2010/11/23	2 385	240	2 252	180	3 218	3 677	275	21 818	9 217	10 505	1 332	1 855
2010/11/24	2 448	228	2 308	183	2 836	3 111	247	21 818	10 153	10 505	1 464	1 812
2010/11/25	2 258	217	2 167	162	2 900	2 828	275	20 828	18 052	10 222	1 356	1 833
2010/11/26	2 109	189	2 082	155	2 709	2 404	240	18 848	14 513	9 939	1 184	1 876
2010/11/27	1 664	166	1 742	151	2 264	2 121	254	8 950	16 786	8 525	1 146	1 876
2010/11/28	1 748	149	1 884	134	2 391	2 263	254	8 950	17 893	8 808	1 200	1 982
2010/11/29	2 512	200	2 478	165	3 155	2 687	254	19 839	19 558	11 636	1 371	2 088
2010/11/30	2 491	194	2 506	211	3 027	2 545	268	21 818	19 137	11 919	1 363	1 961
2010/12/1	2 364	183	2 393	208	3 027	2 404	233	18 848	16 641	13 899	1 363	1 918
2010/12/2	2 321	211	2 365	187	3 027	1 980	254	18 848	13 134	12 768	1 426	1 961
2010/12/3	2 152	223	2 110	194	2 773	1 838	204	16 869	18 988	13 051	1 223	1 833
2010/12/4	1 685	138	1 714	169	2 327	1 697	226	7 960	18 345	10 222	1 091	1 918
2010/12/5	1 748	194	1 771	187	2 391	1 697	233	7 960	18 430	10 505	1 153	2 024
2010/12/6	2 512	245	2 449	187	3 218	1 980	247	17 858	17 030	14 465	1 387	2 109

日期	保险	财政收入	贷款	反腐	房地产	通货膨胀	杠杆	股票	广告	机票	教育	结婚
2010/12/7	2 533	245	2 336	165	3 155	2 121	204	17 858	17 482	14 182	1 387	1 939
2010/12/8	2 491	251	2 308	162	3 027	1 838	211	16 869	16 461	13 899	1 394	1 897
2010/12/9	2 491	262	2 280	190	3 091	2 404	247	16 869	16 450	14 465	1 348	1 897
2010/12/10	2 236	217	2 308	158	2 964	2 404	197	15 879	20 830	13 899	1 332	1 961
2010/12/11	1 791	228	1 714	169	2 264	3 253	282	7 960	24 726	11 636	1 114	1 961
2010/12/12	1 939	228	1 742	180	2 391	2 545	218	7 960	21 863	11 636	1 037	1 982
2010/12/13	2 448	234	2 563	173	3 027	2 970	218	18 848	27 876	16 444	1 309	2 109
2010/12/14	2 533	257	2 336	187	3 027	2 404	211	17 858	21 431	16 727	1 317	1 961
2010/12/15	2 385	251	2 138	201	2 773	2 121	226	18 848	20 894	16 727	1 270	1 918
2010/12/16	2 152	217	1 940	197	2 709	1 838	204	15 879	20 335	16 162	1 208	1 812
2010/12/17	1 876	206	1 856	215	2 391	1 556	190	13 899	24 641	15 030	1 099	1 770
2010/12/18	1 494	189	1 686	158	1 945	1 273	197	6 970	24 146	11 919	959	1 791
2010/12/19	1 770	228	1 686	194	2 264	1 697	197	6 970	24 748	11 919	959	1 685
2010/12/20	2 321	262	2 365	190	3 027	1 838	190	17 858	28 318	16 727	1 309	1 939
2010/12/21	2 470	223	2 365	211	3 282	1 838	197	16 869	24 401	16 162	1 387	2 130
2010/12/22	2 321	262	2 138	204	3 027	1 697	226	15 879	23 874	15 879	1 301	1 961
2010/12/23	2 555	234	2 308	243	2 900	2 404	226	33 697	25 812	15 879	1 317	2 045
2010/12/24	2 045	217	1 969	194	2 455	1 414	176	29 737	35 477	14 182	1 130	1 897
2010/12/25	1 600	183	1 714	173	2 073	1 556	211	19 839	30 485	12 485	982	1 791
2010/12/26	1 727	183	1 912	183	2 136	2 404	211	19 839	26 190	12 485	1 006	1 770
2010/12/27	2 364	268	2 393	176	2 900	2 404	233	36 667	37 648	18 141	1 286	1 897
2010/12/28	2 512	268	2 308	204	2 900	1 838	211	39 636	34 731	19 273	1 371	1 939
2010/12/29	2 470	274	2 167	346	2 773	1 838	218	37 656	35 152	17 010	1 208	1 833
2010/12/30	2 173	194	2 054	395	2 518	1 697	233	37 656	33 657	16 444	1 161	1 876
2010/12/31	1 727	217	1 658	254	2 136	990	148	32 707	41 816	14 465	943	1 855
2011/1/1	1 245	207	1 175	183	1 498	964	183	16 316	1 040	12 097	904	1 751
2011/1/2	1 371	239	1 375	179	1 663	1 341	260	16 074	1 594	13 354	943	1 868
2011/1/3	1 698	256	1 568	177	2 094	1 481	293	6 716	1 559	15 684	977	2 026
2011/1/4	2 266	395	2 251	190	2 822	1 521	236	14 345	1 774	21 354	1 185	1 951
2011/1/5	2 263	329	2 244	207	2 680	1 633	239	23 992	1 775	20 031	1 130	1 928
2011/1/6	2 187	369	2 061	234	2 692	1 468	242	23 369	1 670	19 704	1 105	1 902

日期	保险	财政收入	贷款	反腐	房地产	通货膨胀	杠杆	股票	广告	机票	教育	结婚
2011/1/7	2 071	270	1 989	400	2 557	1 338	215	12 315	1 584	20 374	1 058	1 847
2011/1/8	1 570	228	1 578	302	2 052	1 109	242	5 669	1 352	17 582	959	1 865
2011/1/9	1 589	216	1 547	262	2 046	1 213	268	5 657	1 255	17 589	972	2 064
2011/1/10	2 158	312	2 214	243	2 528	1 156	240	12 454	1 601	23 940	1 030	2 349
2011/1/11	2 069	316	2 097	296	2 408	1 180	228	22 516	1 494	22 792	1 039	2 281
2011/1/12	2 059	295	2 117	260	2 381	1 274	212	22 502	1 443	21 950	988	1 974
2011/1/13	2 147	245	2 070	212	2 287	1 291	231	22 539	1 545	21 749	989	1 876
2011/1/14	1 931	212	2 030	198	2 226	1 276	200	22 494	1 390	21 475	969	1 961
2011/1/15	1 372	182	1 570	170	1 716	1 030	212	5 074	1 152	17 844	910	1 919
2011/1/16	1 466	200	1 459	165	1 547	989	223	4 892	1 072	17 256	908	1 665
2011/1/17	1 872	198	2 089	212	2 373	1 081	207	13 143	1 377	24 677	961	1 919
2011/1/18	1 895	216	1 979	184	2 102	1 021	234	11 735	1 336	23 977	938	1 864
2011/1/19	1 884	248	1 898	177	2 069	996	201	12 009	1 394	25 251	954	1 857
2011/1/20	1 950	312	1 915	161	2 039	1 063	201	12 388	1 321	24 942	929	1 782
2011/1/21	1 581	668	1 693	166	1 937	932	207	11 544	1 278	22 788	935	1 716
2011/1/22	1 327	188	1 407	155	1 528	862	146	4 947	996	17 956	879	1 700
2011/1/23	1 340	200	1 282	133	1 463	892	202	4 832	989	16 344	864	1 748
2011/1/24	1 808	233	1 871	154	1 900	908	184	10 957	1 295	21 112	878	1 853
2011/1/25	1 720	305	1 637	148	1 903	916	183	10 570	1 275	19 752	907	1 868
2011/1/26	1 699	205	1 593	152	2 027	877	177	10 344	1 420	18 570	880	1 831
2011/1/27	1 594	205	1 415	155	2 760	876	169	10 768	1 127	17 813	896	1 808
2011/1/28	1 472	161	1 307	133	1 764	868	165	10 377	1 071	16 607	884	1 713
2011/1/29	1 072	120	1 012	151	1 212	747	154	4 848	956	13 874	844	1 534
2011/1/30	1 069	168	1 011	162	1 214	758	176	5 041	954	14 603	850	1 560
2011/1/31	998	125	946	137	1 051	872	154	9 401	939	14 443	805	1 418
2011/2/1	924	97	891	150	998	729	139	8 530	907	13 162	704	1 318
2011/2/2	982	95	699	120	858	392	127	3 371	853	8 601	372	988
2011/2/3	3 616	87	751	99	839	495	114	3 576	876	10 876	465	1 328
2011/2/4	3 344	95	852	125	964	575	114	3 579	874	11 493	485	1 426
2011/2/5	3 944	110	898	112	1 011	727	127	4 062	901	12 786	599	1 607
2011/2/6	4 038	112	940	152	1 058	715	159	4 342	933	13 859	844	1 760

日期	保险	财政收入	贷款	反腐	房地产	通货膨胀	杠杆	股票	广告	机票	教育	结婚
2011/2/7	5 130	112	1 067	133	1 308	844	166	5 226	952	14 507	866	2 101
2011/2/8	4 908	129	1 451	127	1 606	920	183	6 711	999	15 312	878	2 393
2011/2/9	5 898	187	2 256	155	2 381	1 934	205	14 981	1 329	19 598	936	2 783
2011/2/10	6 253	228	2 337	170	2 904	1 587	222	15 632	1 564	19 593	996	2 831
2011/2/11	6 224	218	2 242	179	2 753	1 338	240	16 161	1 749	18 552	954	2 890
2011/2/12	5 795	182	2 069	190	2 562	1 124	216	9 545	1 582	17 106	941	2 666
2011/2/13	5 752	148	1 883	216	2 183	1 002	225	7 922	1 426	14 005	938	2 377
2011/2/14	4 681	271	2 357	257	2 599	1 341	288	17 647	1 717	16 112	977	2 520
2011/2/15	6 284	276	2 339	239	2 713	1 904	357	18 754	1 748	15 648	1 068	2 519
2011/2/16	2 517	220	2 450	233	2 997	2 275	319	19 547	1 779	15 554	1 088	2 465
2011/2/17	2 932	202	2 124	250	2 530	1 325	285	18 401	1 742	14 342	999	2 204
2011/2/18	9 525	239	2 462	257	2 818	1 687	233	18 020	1 781	15 801	1 127	2 413
2011/2/19	8 914	176	2 169	207	2 532	1 984	281	9 623	1 553	12 822	983	2 283
2011/2/20	8 823	162	1 929	208	2 569	1 510	279	8 927	1 359	12 179	1 083	2 385
2011/2/21	9 507	243	2 867	242	3 242	1 854	326	19 613	1 853	15 302	1 207	2 515
2011/2/22	9 023	240	2 722	307	3 465	2 017	327	20 820	2 151	14 854	1 339	2 449
2011/2/23	9 399	315	2 714	213	3 548	1 991	295	19 867	1 963	14 281	1 406	2 435
2011/2/24	9 088	223	2 780	213	3 410	1 896	319	19 169	2 068	13 826	1 389	2 391
2011/2/25	6 263	191	2 627	195	3 231	1 742	247	18 425	2 045	13 674	1 287	2 300
2011/2/26	2 127	162	2 188	204	2 717	1 362	231	9 613	1 720	10 693	1 123	2 292
2011/2/27	2 186	188	2 043	201	2 647	1 647	323	9 193	1 593	10 598	1 173	2 249
2011/2/28	2 884	243	2 905	209	3 516	1 558	380	19 643	2 232	14 155	1 280	2 238
2011/3/1	2 854	273	2 700	222	3 443	1 515	383	20 278	2 193	14 162	1 405	2 136
2011/3/2	2 697	267	2 631	245	3 329	1 592	355	19 188	2 188	13 719	1 468	2 210
2011/3/3	2 737	256	2 732	209	3 271	1 552	326	19 357	2 199	13 452	1 387	2 276
2011/3/4	2 484	257	2 386	242	3 045	1 365	259	17 815	2 027	12 961	1 240	2 195
2011/3/5	2 078	222	2 060	223	2 529	1 322	259	9 512	1 794	10 396	1 107	2 104
2011/3/6	2 113	234	1 937	228	2 605	1 365	284	9 176	1 980	10 067	1 246	2 292
2011/3/7	2 704	291	2 734	207	3 214	1 292	338	20 874	2 233	13 397	1 376	2 209
2011/3/8	2 632	274	2 595	195	3 053	1 219	313	20 084	2 245	12 642	1 307	2 100
2011/3/9	2 938	233	2 769	211	3 206	1 285	336	21 419	2 355	13 517	1 381	2 110

日期	保险	财政收入	贷款	反腐	房地产	通货膨胀	杠杆	股票	广告	机票	教育	结婚
2011/3/10	2 710	264	2 672	201	3 161	1 313	265	20 188	2 487	14 019	1 321	2 177
2011/3/11	2 484	222	2 451	216	2 935	1 330	239	18 801	1 959	12 827	1 292	2 190
2011/3/12	2 002	157	1 904	179	2 393	1 103	239	9 157	1 778	9 902	1 149	2 124
2011/3/13	1 909	162	1 924	172	2 529	1 039	323	9 155	1 866	10 326	1 173	2 160
2011/3/14	2 936	257	2 753	259	3 396	2 823	316	20 719	2 384	13 852	1 436	2 261
2011/3/15	2 771	223	2 576	228	3 268	2 355	242	21 411	2 339	14 109	1 338	2 134
2011/3/16	2 708	218	2 519	222	3 075	1 380	276	19 261	2 364	14 363	1 385	1 969
2011/3/17	2 542	198	2 306	180	2 954	1 551	264	19 675	2 130	13 735	1 270	1 964
2011/3/18	2 350	195	2 366	187	3 143	1 457	212	17 882	2 099	13 366	1 271	2 108
2011/3/19	2 018	120	2 068	191	2 555	1 328	207	9 494	2 042	10 563	1 115	2 269
2011/3/20	2 010	158	1 894	201	2 544	1 090	304	8 970	1 928	10 424	1 133	2 269
2011/3/21	2 846	184	2 589	233	3 445	1 172	259	18 458	2 351	14 376	1 307	2 312
2011/3/22	2 721	179	2 593	208	3 241	1 156	267	17 828	2 310	14 140	1 371	2 414
2011/3/23	2 555	161	2 494	211	3 332	1 174	268	17 498	2 360	14 157	1 309	2 242
2011/3/24	2 550	170	2 380	220	3 305	1 129	247	16 695	2 228	13 951	1 259	2 101
2011/3/25	2 389	175	2 322	220	2 884	999	219	16 798	2 081	13 104	1 137	1 967
2011/3/26	1 882	146	1 807	209	2 360	992	245	8 378	1 843	10 299	997	1 960
2011/3/27	1 882	165	1 940	202	2 213	1 135	233	7 653	1 967	10 372	980	2 045
2011/3/28	2 524	204	2 984	225	3 033	1 168	268	18 999	2 293	14 691	1 138	2 133
2011/3/29	2 595	177	2 892	228	3 150	1 089	279	18 377	2 410	14 547	1 413	2 230
2011/3/30	2 531	182	2 635	226	3 030	1 136	262	18 390	2 339	14 213	1 339	2 214
2011/3/31	2 344	190	2 648	264	2 945	1 062	251	18 266	2 343	14 517	1 319	1 970
2011/4/1	2 345	184	2 596	191	2 858	989	226	17 110	2 109	15 021	1 200	2 029
2011/4/2	2 004	133	2 261	190	2 530	944	222	9 820	1 969	14 098	1 135	2 090
2011/4/3	1 413	121	1 985	162	2 125	892	215	6 885	1 633	10 141	946	2 037

后记

望江楼，望江流，望江楼上望江流，江楼千古，江流千古。印月井，印月影，印月井中印月影，月井万年，月影万年。

离开母校四川大学已一年有余，对一路走来支持关心我的老师和同学念念不忘，愿你们一切都好。

峨眉山月半轮秋，影入平羌江水流。夜发清溪向三峡，思君不见下渝州。从天府之国到山城，这一路经历了 12 个春秋，蓉城的温婉秀美，山城的大气磅礴。不一样的人，不一样的景，没有改变的是对生活和科研工作火热的心。人不能沉寂于过去的成绩，在重庆工商大学的岗位上，除了角色的转换，我也时常勉励自己，除了教书育人，更要为人师表。平凡的工作岗位肩负的是为祖国输送合格建设者和接班人的重任。在新形势下，更要做祖国需要的科研工作，做贴近中国国情的科研工作！

韩仁杰

2020 年 12 月